Cello gewidmet

«Man sieht nur mit dem Herzen gut.
Das Wesentliche
ist für die Augen unsichtbar.»

Antoine de Saint-Exupéry: ‹Der Kleine Prinz›

S WIE SELMELI

Aus dem Leben von Selmeli Ratti
– von Apfel bis Zwiebel

«... Wenn das Weizenkorn
nicht in die Erde fällt und erstirbt,
so bleibt es allein;
wenn es aber erstirbt,
so bringt es viel Frucht.»

Johannes 12,24

Impressum

S wie Selmeli; Geschichten aus dem Leben
von Selmeli Ratti – von Apfel bis Zwiebel /
Emelyn González und Marcus Fürstenberger
Basel: Spalentor Verlag AG, 2004
ISBN 3-908142-15-6

© 2004 by Spalentor Verlag AG, Basel

Gestaltung, Realisation und Produktion:
Spalentor Verlag AG, Basel

Die Autoren und der Verlag danken dem Basler
Lotteriefonds für die grosszügige Unterstützung!

S WIE SELMELI

Aus dem Leben von Selmeli Ratti – von Apfel bis Zwiebel

INHALT

Vorwort	9
Lebenslauf Selmeli Ratti	11
Selmeli-ABC	13
Äpfel	15
Armbrustschützenbrunnen	16
Abfall	18
Burgerzmorge	19
Cello – Marcel Brenner	20
Crème	23
Caslano	24
Drehörgeli	25
Eier	26
Ehrenbürgerrecht	27
Engel	28
Fernlust – Ferien	30
Flohmarkt	31
Fasnacht	32
Fürsorgerin	35
Glückssache	36
Garten	37
Geiss	38
Gastlichkeit	40
Hammerstrasse	41
Herbstmesse	42
Haushaltgeräte	44
Hofhaltung	45
Institution	46
Interieur	47
Jugendzeit	48
Kinderrestaurant	49
Kirschblüte	50
Kosenamen	52
Leuchtende Werbung	53
Lauskinder	54
Lebensqualität	55
Marktschreierin	56
Museum	58
Nigginäggi	60
Näägerli	61
Original	62
Petersplatz	64
Popcorn	66
Popcorn – etwas Geschichte	67
Quartiere	69
Rössligasse	71
Riehen	72
Ratti Elvezio	74
Rüsterli – Rüstmesser	76
Rooseli	77
Rust	78
Sammeltopf	79
Selma, Selmele, Selmeli	80
Spalentor – Spalenvorstadt	81
Schatten	82

Spalentor-Hosen	83	Wachskerzen	96
Schicksal	84	X eppis	98
Tracht	86	Yen	99
Tell – ‹Zum Tell›	88	Zibele-Märit	100
Tasche	89	Zimmerherr	101
Universität	90	Zapfenlocken	102
Unterstützung	91	Zufriedenheit	104
Unterwäsche	92	**Rückschau**	**105**
Verträumtes Vesalgärtli	93	**Begegnungen**	**118**
Vesalgässlein	94	**Jubiläumsverse**	**124**
Verkaufstalent	95		

Die seit Jahrtausenden äusserst aktive Siedlung Basilea stellt sich im modernen Marketing-Stil etwas provozierend vor: ‹Basel tickt anders.› Was soll diese Feststellung aussagen? Worauf bezieht sich das ‹anders›? Was ist mit diesen drei Worten wirklich gemeint?

Wer sich während Jahren mit den Bewohnern Basels und mit ihrem Umfeld beschäftigt, spürt irgendwie etwas Besonderes aus ihren Äusserungen und Handlungen. Vielleicht bezieht sich das allgemeine Verhalten auf das stark akzentuierte, eigenartige und grossräumige Landschaftsbild. Oder spürt der Bewohner das Fehlen von Langeweile und Eintönigkeit? Festzustellen ist zudem etwas Eigensinn und Sturheit. Wo sind deren Ursachen?

Basel lebt stark von der Vergangenheit, Gegenwart und Zukunft, leidet aber ebenfalls unter Tabus und Mutlosigkeit.

In der Geschichte gilt Basel als faszinierender Begriff – der schwarze Baselstab (Bischofsstab) auf silbernem Grund bedeutet als Hoheitszeichen für Wappen und Fahnen ein ansprechendes Attribut – die Basler betrachten sich selbst als eine kritische, offene und exklusive Gemeinschaft von Kaufleuten, Gelehrten, Arbeitern, Künstlern... Die einzelnen Glieder fühlen sich mit dieser vielfältigen Gesellschaft sozial und politisch eng verbunden. Verantwortung, Verpflichtung und Ehre schaffen ein persönliches Rückgrat. Geschichte und lokales Brauchtum wirken als Sauerteig. Im Alltag der Vergangenheit und auch in den Epochen der Gegenwart treten immer wieder einzelne Personen auf, die in der Bürgerschaft und im Tagesgespräch eine eigenwillige Stellung einnehmen. Sie werden mit dem Begriff ‹Original› bewertet. Man braucht sie, sie sind kleine Säulen der Aktivitäten und des Klatsches.

Um den innerstädtischen, reizvollen, historischen Petersplatz (seit dem 13. Jahrhundert) bemüht sich in den letzten 60–70 Jahren als echt baslerische Marktverkäuferin und Waisenmutter Selma Ratti. In der Stadt wird sie liebevoll und begeistert ‹Selmeli› genannt. In diesem Werk sollen seine Verdienste um Basel, um die Behinderten, Betagten und vor allem um die Jugend gewürdigt sowie herzlich verdankt werden.
Fans, Freunde aus weiten persönlichen, städtischen und regionalen Kreisen bringen ihm mit all ihren Worten und Gedanken einen bunten, stets blühenden Maien, es möge sich daran immer neu erfreuen.

Unser besonderer Dank richtet sich an all die Personen, die uns durch kurze Texte, Hinweise, Informationen, Photos, etc. am Werden des Buches und durch ihre Geduld geholfen haben.

Vreni Arnold hat uns bei der Beschaffung von älteren Photos und bei der Beseitigung von familiären Komplikationen diskret geholfen – ihr gehört ein spezielles Dankeschön.

Freude und hohe Befriedigung kennzeichnen die Zusammenarbeit mit dem Spalentor Verlag: Christiane Widmer und Christian Lienhard. Besten Dank.

Emelyn González und Marcus Fürstenberger

Das Werk wäre ohne die intensive Mitarbeit (Ideen, Design, Computer, Photos) von meinem Emelyn nicht entstanden.
Härzlige Dangg

Marcus

LEBENSLAUF

2. Juli 1918	Geburt in Basel, Heimatort Altdorf (SH) Vater Fritz Mezger, Mutter Selma Benz-Engler, Bruder Fritz
1921	Anmeldung in Riehen Pflegekind von Friedrich und Anna Louise Löliger-Salathe Rössligasse 16–18
1925	Tod der Pflegemutter
1928	Abmeldung in Riehen; Anmeldung in Basel
1930	Rückkehr zur Mutter
1933–1935	Aufenthalt im Kinderspital, Tb-Erkrankung
1936	Erstmals Demonstrantin an der Herbstmesse
1938	Erstmals Verkäuferin in der Rheinbrücke (heute Manor)
1941	Heirat mit Walter Wettstein
40er Jahre	Mutter Inhaberin eines Verkaufsgeschäfts für elektrische Maschinen, Antiquitäten, Ausführung von Reparaturen
1946	Heirat mit Max Jakob Bohnenblust
1950 (um)	Erstmals Popcorn-Verkauf
1956	Erster Kontakt mit Elvezio Ratti
1958	Voltastrasse 110
31. Dezember 1958	Dittingerstrasse 38
2. April 1963	Hochzeit mit Elvezio Ratti in Basel und Balsthal
1968	50. Geburtstag; lustiges Fest im Weekend-Häuschen am Schlipf oberhalb Riehen mit Alfred Rasser als Hauptgast
1971	Unterer Batterieweg 31

1975	Bürgerzmorgen auf dem Münsterplatz
1978	1. Besuch mit einer Gruppe in Rust; 60. Geburtstag
1979	Petersplatz 6 (Haus ‹zum Meyenberg›)
1980	50. Besuch im Europa-Park Rust
1982	100. Besuch in Rust
1993	Petersplatz 3 / Vesalgasse
1986	Pensionierung von Ezio, Rückkehr Ezios ins Tessin
1988	70. Geburtstag; Bürgerzmorge auf dem Petersplatz
1998	80. Geburtstag; Bürgerzmorge auf dem Petersplatz, rege Teilnahme der Basler Bevölkerung, Verleihung des Ehrenbürgerrechts von Rust
2004	545. Fahrt nach Rust; insgesamt rund 26'500 Teilnehmer

SELMELI ABC

Von Apfel bis Zwiebel

In der Kunst und Literatur ist oft vom Lebensbaum die Rede, vom Baum des Lebens: er gilt als festes Symbol des Lebens. Jeder Mensch hat seinen eigenen Baum. Er glänzt mit Blüten und präsentiert seine Früchte. Jene leuchten in prächtigen Farben, diese sind fruchtbar, genussreich aber ebenfalls manchmal etwas fleckig oder ungeniessbar. Blüte und Frucht veranschaulichen Eigenschaften und Taten, Stärken und Schwächen, Höhen und Tiefen. Einzelne Früchte dienen oft als Attribute des persönlichen Wirkens, als Sinnbilder und Vergleiche.

Eine interessante Folge zur Aufzählung von Eigenheiten bildet das Alphabet. Diese festgelegte Reihenfolge der deutschen Schriftzeichen beginnt mit A und endet mit Z. Jeder Buchstabe hat eine gewisse Ausstrahlung und steht mit dem folgenden Text in engster Beziehung.

Im vorliegenden ABC bezieht sich der Text auf einen oder mehrere Momente im Leben von Selmeli Ratti. Den Anfang macht der Apfel als Frucht der Erkenntnis, als Zeichen der Verwilderung sowie der Erlösung. Der Apfel tritt jeweils als etwas Aufbauendes in Erscheinung, so als runde leuchtende Kugel in Märchen, Sagen und Geschichten.
Als Gegenstück erscheint ein Gemüse, die Zwiebel. Während der Apfel eine feste Frucht bildet, besteht das Zwiebelgewächs aus Schalen, die abgelöst werden können. Im übertragenen Sinn vollzieht sich hier eine menschliche Schikane, denn der Vorgang erzeugt gleichzeitig ein Weinen.

Apfel und Zwiebel gelten wie Freude und Schmerz als Rahmengebilde der Lebensumstände. Sie tauchen auf für feste Begriffe bei extremen Gestalten und

Wesen, z.B. bei Einzelgängern, Randfiguren, Originalen: sie bewirken Weite und Geschlossenheit.

Hiermit entwickelt sich Rattis Lebensgeschichte vor und mit der Leserschar im Verlauf des ABC, es ist ein Selmeli-ABC. Innerhalb aller Schriftzeichen erscheint sein ganzes Leben, Wesen und Wirken, seine Handlungen und Aussprüche in kurzen Darstellungen, Anekdoten, Geschichten und Gedankengängen. Es ist jeweils wie ein Biss in eine Frucht – meist knackig und süss – in eine Lebensfrucht der Basler Persönlichkeit.

Wie beim Betrachten von einem der kunstvollen spätmittelalterlichen Basler Bildteppiche entsteht ein Blick in das Leben einer Persönlichkeit. Jedesmal geht es tiefer in das Erfassen eines Lebensabschnitts. Mit Feingefühl und Achtung wird das Innerste frei und offen.

Das biographische A bis Z nähert sich einem Tagebuch, gefüllt mit persönlichen Gesprächen, aufschlussreichen Erlebnissen, mit erleuchtenden Einblicken in die ganze gefühlvolle, engagierte und faszinierende Person ‹S wie Selmeli›.

Äpfel

Je nach Gegend, Tageszeit oder Verwendung tritt bei uns der Apfel als vielseitiges Nahrungsmittel in Erscheinung. Am beliebtesten ist er als ‹Znyyni› oder als ‹Zvieri› bei Kindern und Jugendlichen. In Selmelis Haushalt fehlt diese Frucht nie...

Eine lustige Verwendung ergibt sich einmal bei der Einladung zum Essen im eigentlichen Kinderrestaurant ‹Zum rote Epfel› von Selmeli. Es geht um eine spontane Idee. – Da taucht der Plan einer auffälligen Tischdekoration auf: In eine der kleinen roten Früchte wird mit dem Messer ein tiefer Schnitt vorgenommen und dann die spezielle Speisekarte hineingeschoben. Ein schlichter und glänzender Kartenständer preist so die leckeren Portionen an. – E Guete!

Armbrustschützenbrunnen

Wenige Meter von Selmelis Wohnhaus entfernt befindet sich ein Brunnen mit dem Standbild eines Stachel-(Armbrust-)Schützen, ein Werk von Heinrich Rudolf Meili.

Selmeli freut sich: «...im Brunne dr Arm abküele tuet mr guet ... stellt mi uff, git mr Graft...»

Im nahen Stachelschützenhaus üben sich seit dem 14. Jahrhundert die Basler Schützen mit Pfeil und Bogen. Erst nach der Erfindung des Schiesspulvers ziehen die Feuerschützen ins heutige Schützenhaus. – Der imposante Riegelbau, der Kernbau mit der Schiesshalle, stammt von 1546. – Heute befindet sich im gleichen Gebäude ein medizinisches Institut der 1460 gegründeten Universität.

Abfall

In einem Kalbskopf-Rezept von ‹-minu› heisst es: «Kalbskopf? Das ist wie bei den Kutteln. Die einen bekommen Gänsehaut. Die andern feuchte Augen vor Glück und das totale Schwärmen in den Augen. Für Kalbskopf-Geniesser ist es eine harte Zeit geworden. Der Tête de Veau war früher gang und gäbe in Beizen-Menüs.
Heute? Da muss man schon bis Italien reisen oder die kleinen Örtchen im Elsass kennen, wo diese Köstlichkeit noch serviert wird... Die Sache ist keine Hexerei, sehr bekömmlich...»

Ähnliche Schwierigkeiten gibt es schon vor Jahrzehnten im Haushalt der Familie Ratti. Ezio, der Gatte, möchte Kalbskopf zum Essen und bringt freudig eine solche Delikatesse heim. Selmeli fragt erregt: «*Was hesch du do für Fleischabfall hei-brocht?*»

Bürgerzmorge

Öffentliches Frühstück an einem Sonntagmorgen auf dem Münsterplatz, offeriert von Selmeli und Migros, 1975.

Kalte Kaffi uff de Hose,
Dubedrägg im Tee, glaineri Neurose,
Gnaggis, wo handle, Tourischte wo gnaisse,
s Trachtemaitli Selma mit syne sibe Gaisse...
Psychiatriefall?, froggsch voll Sorge.
S isch numme s Basler Birgerzmorge.

Schnitzelbangg vo ‹dr Zägg›, 1976

Cello – Marcel Brenner

Sommer 2004

Seit einem Jahrzehnt bahnt sich im Marktwesen auf dem Petersplatz eine ganz besonders originelle und verantwortungsbewusste, freundschaftliche und umsorgte Zusammenarbeit, ja Verbindung an: Selmeli und Cello. Es ist eine Geschichte reif für einen sympathischen Filmstreifen.

Der Hintergrund sowie die Handlung zeigen einen lebendigen modernen Alltag und ein Kapitel lebendiger aktueller Menschlichkeit. Versteckt und verträumt mitten in einer gestressten, selbstbewussten und traditionellen städtischen Gesellschaft.

Ort der Handlung bildet der in der Basler Geschichte immer wieder erwähnte und äusserst geschätzte Petersplatz, abseits von den überlieferten wichtigen Stätten der Kirchen und der Politik.

Einzig Begegnungsplätze der Universität, der Spitäler und der Bevölkerung zweier Vorstädte bringen eine Atmosphäre eigener Art. Es sind Menschen aus allen Kreisen, aus drei internationalen Kulturbereichen. Orte des ‹Du› und des Herzens.

Personen des täglichen Handels reden miteinander, begegnen sich ohne steife Etikette – viel Verständnis und Einfühlungsvermögen ist nötig, ja hier ganz schlicht und echt vorhanden.

Marcel hat eine verschlungene einsame Jugend hinter sich, er kennt sich und seine Umwelt; er weiss sich zu wehren, ohne dass viele böse Worte fallen. Im Geheimen fliessen stille Tränen und blühen bescheiden Pflänzchen der Hoffnung.

1961 wird er in Basel geboren, wo er sich heute wohl, frei und vor allem unter echten Mitmenschen, Partnern heimisch fühlt.

1972–1977 weilt Cello wegen einer Familien-Krise in einem Schulheim im aargauischen Effingen. Das Heimweh nach Basel drückt aber auch auf seine Einsamkeit im Heim. Wegen seiner Grösse foppen ihn alle voll lieblosen Spasses mit dem Kosenamen ‹Lili› (Kurzform der Bezeichnung Liliputaner). Diese Situation fördert die Einsamkeit, das Randdasein. Mit andern Jugendlichen hat er wenig Kontakt. Die meiste Zeit verbringt er mit dem Heimpferd; sein grosser Wunsch, seine Berufung wäre Jockey. Zahlreiche Sehnsüchte und Wünsche ‹verfolgen› und beschäftigen ihn. Auf dem Petersplatz findet er bald und stets Kontakt.

An der Herbstmesse 1993 befindet sich sein Stand mit Grammophon-Platten und Murano-Glas gegenüber vom viel beachteten Selmeli-Geschäft.

Cello fühlt sich mit Musik verbunden und lässt bunte Töne erschallen, zum Leidwesen von Selmeli. Es beklagt sich bei der Aufsicht – die Folge ist ein aufbauendes Gespräch und eine wertvolle Zusammenarbeit an der Messe. Cello erfasst die Situation des damals überlasteten Selmeli und offeriert spontan seine Hilfe beim Aufbau und bei der Betreuung des Verkaufstandes im Jahre 1994. Und so bleibt es in den folgenden Jahren.

Cello hilft wo und wann er nur kann. Sein unermüdlicher Einsatz stellt Selmeli psychisch weiter auf. Cello freut sich über seine Tätigkeit im Dienste des über 86 Jahre alten aktiven Symbols vom Petersplatz. Cello überstrahlt so die teilweise eher trüben ‹Abendstunden› einer einsam werdenden Basler Persönlichkeit.

Crème

Wie es sich für Originale gehört, führt Selmeli in seinem Verkaufs-Sortiment auch eigene Pflegemittel. Sein Bienenhonig ist Grundlage einer Hautcrème, die an Märkten und Bazars guten Absatz findet. «*My Honigcrème isch fir alles guet, vom Zeeche bis in s Gsicht!*»

Caslano

Gegenüber dem Bahnhof von Lugano steht eine kleines Gebäude mit Gaststätte und mit prachtvoller Aussicht auf Seebucht und Bergwelt: die Bahnstation von und nach Caslano. Neunzehn Minuten dauert die Fahrt zum heimeligen und geschätzten Tessinerdorf. Noch wickelt sich hier traditioneller Alltag ab, doch viele auswärtige Wohnungsbesitzer und Touristen treffen sich hier, denn Landschaft und Kultur locken.

Zu den Einheimischen gehören schon lange, sehr lange die Familienmitglieder des Geschlechtes Ratti, zu denen ‹zugeheiratet› Selmeli gehört. Zwischen den Angehörigen sind die Verbindungen Nord/Südschweiz wach. Elvezio und Selmeli sowie vertraute Bekannte lassen das Telefon eingeschaltet.

Selma Ratti strahlt: *«Weisst Du, mit meinem Alten habe ich natürlich Glück gehabt – er ist Lokomotivführer und fährt meine Verrücktheiten mit Volldampf mit»*.

Drehörgeli

Selmeli hat zeitweise mit einer Drehorgel und in Begleitung von zwei Kindern in Altersheimen (z.B. im ‹Lamm›) aufgespielt. Immer kommt es dabei zu interessanten erinnerungsvollen Gesprächen. Unvergesslich sind vor allem die Bekanntschaften mit einem Larven-Künstler im Imbergässlein und mit dem ‹Fähriörgelimaa› in der Gaststätte ‹Safran› – Viele Geschichten werden bei einem Treffen jeweils erzählt und ausgeschmückt. Geschichtchen und Berichte aus dem Alten Basel; es ist eine bunte, unterhaltsame, lustige Welt – vergangen aber niemals vergessen!

Eier

Beim Betreten der Küche von Selmeli am Petersplatz fällt einem auf dem Kühlschrank eine weite Schale, ein Korb auf. Wie eine Pyramide sind mehrere Dutzend weisse Eier aufgetürmt – ein eigentliches Stillleben, ein Spiel mit Eiern, eine Sammlung, oder einfach ein Andenken? Die gelegten Eier, meist von Anneli, werden sofort weggenommen und gehütet – keine gastronomische Köstlichkeit!

Selmeli freut sich über seinen kleinen Hausstall mit den unberührbaren Schauobjekten. Es könnte auch das Symbol eines Naturwunders sein; auf alle Fälle: Berühren unterlassen – doch allein schon der Geschmack ergibt Schwierigkeiten!

Zudem bilden diese zarten weissen kugeligen Gebilde Zeichen des Glücks, der Auferstehung, der wieder zu Leben erwachten Pflanzen- und Tierwelt sowie Sinnbilder des Weltganzen. – Selmeli zeigt seine Feinfühligkeit.

Ehrenbürgerrecht

Jahraus, jahrein – bei Wind und Wetter – geht Selmeli mit seinen zahlreichen Kindern, Behinderten und Alten jeweils begeistert in den oberrheinischen Europa-Park nach Rust. Zu seinem 80. Geburtstag erhält es als erste Person dessen Ehrenbürgerschaft. In der Urkunde ist festgehalten: «*Die Familie Mack verbindet diese hohe Auszeichnung für den treuesten Fan des Europa-Parkes mit dem Ausdruck des Dankes und der ganz besonderes Wertschätzung.*»
Eine verdiente Ehrung!

Engel

Engel spielen in manchen Kulturen eine wichtige Rolle. In barocken Stukkaturen nehmen sie als Zusammenkommen von Licht und Schatten eine bedeutende Stellung ein. Auch zahlreiche Abschnitte der Bibel wären ohne solche überirdischen Wesen etwas hoffnungslos; sie hüten und wachen im himmlischen Bereich. Im Alltag treten Schutzengel an die Seite der Menschen und zeigen in ‹Notfällen› ihre Aktivität. «*Do hesch e Schutzängel gha*» ist bei Kindern mehr als ein blosser Spruch.

Selmeli denkt in seiner Kinderbetreuung an den Engel durch verschiedene mehr oder weniger künstlerisch ansprechende Figuren. Im ganzen Haus stossen die Bewohner und die Besucher auf entsprechende Gegenstände: an weisse, bunte freundliche, friedliche und hilfsbereite ‹Ängeli.›

Im Advent und an Weihnachten sammeln singende und musizierende weissgekleidete Engelgrüppchen inmitten der hektischen Basler Einkaufsstrassen mit grossem Erfolg für die Fahrten mit Selmeli.

Fernlust – Ferien

Obwohl sich Selmeli in Basel stets sehr wohl und heimisch fühlt, geht es auf grosse Reisen. Kunden der Barfüsser-Leuchtschrift begleichen die Rechnungen mit Gutscheinen. Dank dieser günstigen Flüge erleben Selmeli und Elvezio gemeinsam ferne Städte und Landschaften, u.a. Venedig, Indien, Peking, Japan, Ägypten, Amerika. Es sind interessante Erinnerungen; doch die Heimkehr fällt nie schwer.

Selmeli wiederholt: «*Ich bin Baslerin durch und durch. Obwohl ich schon weite Reisen machte nach Japan und Amerika, bekomme ich eben nur in Basel den Kaffee so, wie ich ihn liebe. Ferien am Badestrand wären für mich ein Greuel. Ich gehe höchstens in die Ferien wenn ich meinen Kitsch einkaufen will; denn ich liebe Kitsch über alles....*»

Flohmarkt

Seit der Mitte des letzten Jahrhunderts nehmen die Gebrauchs- oder Altwarengeschäfte in ganz Europa einen grösseren Stellenwert ein und werden von Kunden aller Schichten aufgesucht. Alte, als wertlos und unnütz angesehene kleine Gegenstände (Kleider, Kleinmöbel, Hausrat, etc.) werden feilgeboten. Es geht jeweils um alten unnützen Kleinkram, vielfach auch Trödel genannt. Der Begriff Flohmarkt nimmt gewiss Bezug auf die Kleinheit der Artikel. Eine Deutung weist ferner auf den Zustand der Waren: voller Flöhe.

Selmeli findet in seiner Marktgeschichte Freude an den kleinen gebrauchten Gegenständen und bietet auf den Basler Flohmärkten eine vielseitige Auswahl kleiner handwerklicher Produkte. Unsere Marktschreierin schätzt vor allem auch die spontane, gute persönliche Beziehung zur älteren und jungen Generation.

Fasnacht

Die in Basel seit Jahrhunderten gepflegte, einzigartig gestaltete Fasnacht ist ein Volksfest, das den grössten Teil der Bevölkerung fasziniert. Während dreier Tage beschäftigt sich die Stadt mit sich selbst, sie übt Kritik an Vergangenem und hält sich einen Spiegel vor. Sie weist auf Ereignisse der vergangenen Monate hin, die mit Humor neu betrachtet und erläutert werden. Das Ganze lässt aufhorchen und lässt sich unterschiedlich beurteilen.

Selmeli ist von diesen Darstellungen ebenfalls begeistert und geht mit seiner Kinderschar an lustige Fasnachtsanlässe im Wohnquartier oder im Stadtzentrum. An der Kinderfasnacht – stets am Dienstag – beteiligen sich seine Kinder auch; das ganze Treiben erfreut sie.

1979 zeigt sich Selmeli mit Kindern und Kinderwagen am kleinen Cortège in der Stadt.

In den Fasnachtszetteln der Cliquen an der Strassenfasnacht ist von Selmeli immer wieder die Rede, denn sein Wirken findet in allen Kreisen hohe Beachtung und Würdigung.

An der Fasnacht 2004 wird Selmeli sogar durch eine ‹Chaise› (Kutsche) gefeiert. Zwei Baslerinnen fahren in der ‹G'stiffleti Kater-Chaise› als Selmeli durch die Stadt. Beim Start der Fahrt ist Selmeli persönlich dabei und meint spontan: «*Am liebschte möchti sälber mitfaahre*». – Zuschauer und Fasnachtscomité sind ebenfalls begeistert und loben die fasnächtlichen Selmelis.

‹Die Gwundrige› beschäftigen sich im gleichen Jahr auch mit dem Selmeli.

Unter dem Titel ‹Popkorn Legände› heisst es:

«*Mer dängge, s'isch e Glatti*
an's Popkorn-Selmeli Ratti.
An dr Mäss uff em Petersblatz
Pfyfft's vo de Dächer jede Spatz
s'Selmeli isch wider doo
hett au Pop-Korn mit sich gno
und sy Muulwärgg lauft und lauft
dr Lade isch fascht uusverkauft.

Um mit de Kinder in Europapark z'faahre
duet's schaffe, bättle und au spaare
Sy macht däne Kinder e grossi Fraid
und naime dure duet's aim laid,
dass es nimm kaa wyter goo
Und d'Kinder muess dehaime loo.
in Europa Park go lache,
das ka's leider nimmi mache.»

1979 glänzt die Gundeli-Clique mit einem ausgezeichneten ‹Zeedel›. Dieser Text befindet sich in der Rückschau, auf Seite 124.

In den Schnitzelbänken tritt der Name Selmeli Ratti hie und da auf, jeweils in Beziehung zu seinem originellen und erfolgreichen Einsatz.

Fürsorgerin

Sie adoptierte vier Kinder, und mehr als vierzig hat sie im Lauf der Jahre vorübergehend bei sich aufgenommen. *«Wenn eine Mutter notfallmässig ins Spital musste, hat mich die Fürsorge angerufen. Ich habe dann die Kinder abgeholt und zu mir genommen. Einmal hatten wir vier Buschi, alle im Januar geboren.»*

Glückssache

Selmelis Kinder haben immer Tiere um sich: man pflegt sie, man füttert sie, oft wird mit ihnen gespielt, und alle freuen sich.

Am Schlipf, dem Abhang des Tüllingerbergs, nordwestlich von Riehen, besitzen die Rattis ein Stück Land mit einem Häuschen. Einmal wird ein Esel dazu erworben für 400 Franken. Nach Jahren wird ‹Dixi›, der Esel, an einen Bauern verkauft; für 200 Franken. Gross ist die Überraschung, als sich herausstellt, es ist eine Eselin. Bald freut sich der Bauer an den Jungtieren; die 200 Franken haben sich gelohnt!

Ähnliches wiederholt sich später im Haus am Petersplatz. Selmeli erwirbt zu sich ins Haus ein Küken, es bekommt den Namen ‹Rooseli› – das ganze Haus hat eine neue Bewohnerin. Nach einigen Monaten wird das erste Ei erwartet. Aber, ach! Früh an einem Morgen hört das ganze Quartier ein erstes «Kikeriki». Trotzdem, der Hahn wird sein Leben lang ‹Rooseli› genannt!

Garten

Von 1960–1972 wohnt Selmeli am Unteren Batterieweg 31, gegenüber der Kunsteisbahn. Im Garten des Eckhauses blühen stets viele Blumen, begleitet von vielen Zwergli und dem Schneewittchen. Eine Passantin meint dazu später in einem Brief an Selmeli: «Du hesch no am Fuess vom Bruederholz g'läbt. Do hani nur in Garte gluegt und dänkt, wo y die viele Zwärgli und s Schneewittli gse ha, das isch doch e Träumli… wär wohnt denn do mit emene Esel und de Geissli?»
Vreni Arnold

Geiss

Eine Stille liegt über der Stadt am Rheinknie, es ist ein allgemeiner, öffentlicher Feiertag. Aber schon am Morgen lockt das warme Sommerwetter zu einem Ausflug. Über 30 Knaben und Mädchen von einem Basler Jugendheim freuen sich seit einiger Zeit auf eine Fahrt mit Selmeli zum Europapark in der süddeutschen Nachbarschaft. Überall herrscht Freude und Spannung, denn ein solches Vergnügen ist einzig. – Doch heute ist Selmeli ebenfalls unruhig. Schuld daran ist eine Geiss.

> ‹Florian›, die Geiss
> Zu den grosse Bucherfolgen des letzten Jahrhunderts gehört die Reihe mit der Hauptfigur ‹Heidi› (seit 1880). Die Zürcherin Johanna Spyri-Heusser ist die hochgeschätzte Verfasserin der Kinderbuchreihe. Das Bündner Bergkind ‹Heidi› zeigt das einfache Leben in einer heilen Welt.
> Für die Kinder fast der ganzen Welt ist seit rund 100 Jahren ‹Heidi› ein Begriff, ein eigentliches Schlüsselwort. Als Begleiterin des Kindes tritt eine Geiss auf, auch sie spielt im ganzen Geschehen eine liebe Rolle. – Selmeli weiss das genau und besorgt für seinen Tiergarten am Fuss des Basler Bruderholzes eine Geiss – sie wird zum Kinder-Liebling. An verschiedenen Anlässen wird Geissenmilch im Kinder-Restaurant ‹zum Rote Öpfel› ausgeschenkt.
> Mit der Zeit ist eine Trennung nötig!
> «mehh...mehh...mehh...»
> Heute soll dieser Abschied vorgenommen werden.

Der Bus für die Ausfahrt steht vor dem Haus. Der Chauffeur wird von Selmeli gebeten, in einer Stunde wieder vorbeizukommen. Während dieser Zeit gelangen die Verpflegung und weitere Behälter sorgfältig in den Bus. Die Zollbehörden könnten ja an der Grenze den Bus kontrollieren. Zuletzt kommt eine Zaine mit der tief schlafenden Geiss dazu. Bald erfolgt die Abfahrt. Kurz vor der Ankunft am Kleinbasler Autobahnzoll von Weil am Rhein meldet sich Selmeli. Jetzt fordert es die Kinder auf, laut zu singen, um so die Zöllner von weiteren Fragen abzulenken. «*Warum?*» ertönt es von überall her. «*Ich sags euch nochhär!*» beruhigt sie ihre Schar.

Alles funktioniert wie immer, der Bus fährt bald auf der langen geraden deutschen Autobahn. Und jetzt berichtet Selmeli über seine Absicht, eine ihre Ziegen in den Tierpark vom Europapark zu bringen. In Basel habe sie dem Tier Beruhigungspillen verabreicht, jetzt schlafe es fest. «*Gueti Idee!*» jubeln die Kinder; «*mir könne sie so öfters bsueche!*» heisst es sogleich. Anders tönt die Reaktion des Chauffeurs. «*Das isch doch verruggt, das isch nit gestattet und wird bestrooft*» meint er laut und verärgert. «*Tue doch nit soo dumm, mir hänns joo guet hinder is, nüt isch passiert, freue mir is drüber!*» beruhigt ihn Selmeli.

Schliesslich kehrt im Bus das normale Gespräch wieder zurück, und nach einer Stunde hält der Wagen mit der bunten freudvollen Schar und der Basler Geiss vor dem Vergnügungspark. Nun soll das Tier noch an der Kasse vorbei. Auch da weiss sich Selmeli zu helfen. Sein Plan, das Tier unter der Kassentischplatte durchzubringen, glückt. Am Geissen-Gehege wird das muntere Tier über den Zaun auf den Boden zu den ‹verwandten› Tieren gestellt. Und welche Zufriedenheit bei allen. Nach etwas Unsicherheit im neuen Daheim springt die zugezogene Geiss zu ihren neuen Freunden, begleitet von Rufen und Sprüchen der lieben Betreuergruppe aus der Rheinstadt. «*Uff Wiederluege.*»

Beim nächsten Besuch erzählt Selmeli dem Direktor die ganze Geschichte. Etwas skeptisch gehen sie ans Gehege; Selmeli ruft Florian und sogleich springt er bettelnd herzu und auf beiden Seiten des Zauns herrscht Freude.

Gastlichkeit

Während Jahren ist die Wohnung von Selmeli neben dem Spalentor eine offene, heitere Gaststube. Es muss darin etwas ‹Betrieb sein›. *«Ich brauche Leben um mich.»* Da werden jeweils Personen aus einem Altersheim eingeladen. Ab und zu finden auch Führungen durch das Haus statt. Auf Anfragen kommen Gesellschaften zum Apéro oder zu einem lustigen ‹Zmorge›. So geniesst Selmeli das Haus und den Vorplatz. Eine Tasse Tee steht auf dem Tisch, und bald gibt's Besuch. Allein ist man hier nie!

Hammerstrasse

Ausserhalb der alten nördlichen Stadtmauer im Kleinbasel zieht sich vom Wettsteinplatz gegen das Industriequartier die belebte Hammerstrasse (der Name deutet auf die frühere Hammerschmiede). Heute bewohnen viele Gastarbeiter und ihre Familien die Gegend. Anfangs der 40er Jahre übernimmt Selmelis Mutter, Frau Selma Benz-Engler, die dortigen Geschäftsräume. Im gleichen Haus befindet sich ihre Wohnung, zeitweise mit zwei Wieseln und einem Affen. Im Erdgeschoss verkauft und repariert sie mit grossem Können elektrische Haushalt- und andere Geräte sowie Werkzeuge. Bei sich trägt sie immer ein solches Handwerksinstrument, um sofort einsatzbereit zu sein. Zu den Mitbewohnern hat sie guten Kontakt. Auffallend ist ihr starkes Rauchen, was sich auf ihre tiefe Stimme auswirkt.

Herbstmesse

Was wäre Basel ohne Messe!

Diese Feststellung ist vielfältig und typisch; sie bezieht sich nicht bloss auf die Geschichte, sondern auf die ganze Kultur und Gesellschaft der Stadt. Die als Folge des kirchlichen Reformkonzils gegründete Universität (1460) und die Ausrufung zweier Märkte oder Messen (1471) durch Papst und Kaiser machen aus der Rheinstadt einen europäischen überragenden Treffpunkt von Kaufleuten, Gewerbetreibenden, Gelehrten, Studenten, Krämern, Pilgern, Marktfahrern, Künstlern, Soldaten, Schauspielern, Magier, Scharlatanen, Quacksalbern, unehrlichen Leuten, etc. Nach feierlichen Gottesdiensten, bei Kirchweihen, nach dem Schlussgebet und den Worten «ita missa est» («geht, die hl. Messe ist gefeiert») beginnt vor der Kirche der Markt; auch Tanz, Essen, Spiele gehören dazu. Die Idee bleibt, sie bildet noch heute die Grundlage der modernen Marktverordnungen.

In Basel verändert sich das Messebild nicht stark, es ist ein wenig aktueller, moderner. Auf dem Petersplatz herrscht noch traditionelle Atmosphäre mit Giggernillis und Marktbetrieb. Und das spüren die Basler und die Gäste. Man wartet mit Sehnsucht auf das Glockenzeichen von St. Martin zum Beginn der zwei Messewochen. Selmeli fiebert, blangt auf den ganzen Betrieb. Alle fühlen sich heimisch und vergessen den Alltag. Tradition und Begegnungen, Zauber und Vergänglichkeit locken.

Seit den Neunziger Jahren verkauft Selmeli süsse Hoonigdääfeli in durchsichtigem gelben Papier.

Haushaltgeräte

Seit den Dreissiger Jahren verkauft Selmeli verschiedene Produkte, vor allem Orangen-Schellerli, Rüstmesser, Knoblauchpressen, Zitronenpressen, etc. Ursprünglich ist der Stand auf dem Petersplatz vor dem dortigen Zahnärztlichen Institut. Damals hat es viel weniger Stände, und die Messe ist noch nicht so fein ‹herausgeputzt.›
Später erhält Selmeli seinen Stand an der Strassenecke zum Häfelimärt. *«Meine Angebote kosteten immer weit unter 20 Franken, damit sich meine Kundschaft nicht ärgern musste, wenn ich sie zum Kauf überzeugt hatte und das Haushaltgerät dann zu Hause doch nicht gebraucht wurde.»*

Hofhaltung

Bei warmen Wetter trifft man Selmeli stets daheim in der Nähe des Armbrustschützen-Brunnens am Spalengraben. Neben dem Hauseingang lädt ein grosser währschafter Holztisch zum Plaudern und Schwatzen ein. Vier grob geschnitzte Stühle umgeben ihn. Buchs-Bäumchen zieren das Plätzchen, frische Blumen leuchten. Hier, bekleidet in der Tracht, hält Selmeli Hof. Hier empfängt es zur freundlichen Audienz mit allen Freuden und hier wird vieles erzählt – stundenlang.

Institution

534 mal war Selma Ratti mit einem Car voller Patienten und Pensionären aus Behinderten- und Altersheimen schon nach Rust in den Europapark gefahren. Diese Exkursionen für Menschen, die sonst nie zu diesem Vergnügen kämen, sind zur festen Institution geworden. Und wenn sie ihr beim Abschied sagen: *«Gäll Selmeli, holsch uns wieder»*, dann weiss sie, dass sie noch immer für viele Menschen da sein kann…

Interieur

Viele der bei Selmeli Ratti eintreffenden Besucher- und Gästegruppen werden vor dem Haus mit Drehorgel-Musik feierlich empfangen. Dann geht's in die älteren Stuben, die als kleine reizvolle Räume ausgestattet sind. Alle zeigen ein originelles Gepräge, das zum Verweilen einlädt.
Kristallleuchter, Spiegel, geschnitzte Tische, bunt gepolsterte Stühle in rosarot/weissem spanischen Stil veranschaulichen eine gewisse Würde. Lampen und Kerzen verbreiten Licht. Blumen in Vasen und Kistchen zeigen Buntheit. Viele Geräte, Kannen, Becher weisen auf fürstliche Tafeln und Essitten. Die ganze Decke hängt voller Weihnachtskugeln. Alles zusammen wirkt wie eine Träumerei in Salons und Schlössern sowie gleichzeitig wie Giggernillis im Paradies.

Da ruhen die Gäste aus, sie werden für einige Stunden in eine andere, irrationale Welt versetzt. Selmeli bleibt in bester Erinnerung!

Jugendzeit

«In der Schule war ich schüchtern. Ich war auch schlecht – bin zweimal sitzen geblieben. Das (das berühmte Mundwerk) hat sich wohl durch meine Markttätigkeit ergeben.»

Kinderrestaurant

Die grösste Freude bereitet Selmeli seinen Kindern mit der Schaffung des Kinderrestaurants ‹Zum rote Epfel›. Da nimmt es etwas ganz Spezielles, etwas Einzigartiges vor. Mit Kindern unter zehn Jahren führt es an verschiedenen Anlässen, an Festen, an Bazars, eine eigene Gaststätte. Diese besteht aus 40 kleinen Tischen und 180 Kinderstühlen. Auf den Tischen steht Puppengeschirr, gegessen wird mit Puppenbesteck. Die Kinder, die im Service tätig sind, tragen reizende Kleidli aus schwarz/weiss gehäuseltem Stoff (mit Baslerfarben). Das Menü besteht aus Cipolatas und winzigen Wienerli, Extra-Wienerli. Dazu gibt es auch richtige Mini-Menüs, die angeliefert werden. Die Gäste sind alles Erwachsene. Darunter sind Basler Ratsherren, die sich erfreuen; der frühere Waisenvater und spätere Vorsteher des Erziehungsdepartements, Arnold Schneider, ist begeistert.

Selmeli meint: *«Kinder dürfen eigentlich nicht arbeiten, aber da es jeweils nur für zwei, drei Tage ist und einem gutem Zweck dient, drücken die zuständigen Behörden ein Auge zu. Für die Kinder ist es sowieso keine Arbeit, sondern ein Riesenspass.»*

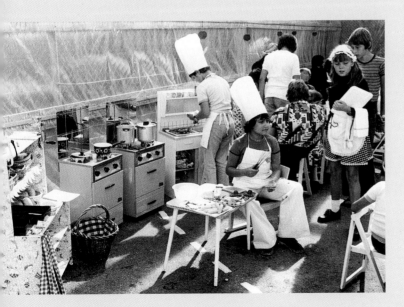

Kirschblüte

Jede Landschaft hat ihre speziellen Reize und Natur-Erlebnisse: Basel fasziniert im Frühjahr mit der Kirschblüte. An Riehen, das untere Wiesental und an das Bruderholz verschenkt die Natur in Fülle ihre weissen und rosaroten (japanischen) Blütenbouquets der Kirschbäume. Eine Wunderpracht.

Es ist ein Blick in die wiedererweckte Natur, es ist ein Einblick, der wächst und sich entfaltet. Jede Begegnung wird zu einem Einswerden mit neuen Kräften. Es kommt zu einem Aufgehen in den blühenden Baum, in den vollen Zweig und zuletzt in eine Blüte, die sich öffnend entgegenstellt. Sie nimmt den stillen Betrachter auf. Die einzelne Blüte ist zuerst ein weisser Punkt, wird bald ein weisser reicher Strauss und eine makellose Wand, die sich vertieft. Aus einem weissen Raum strahlt Licht, etwas Ewiges, Vollkommenes, etwas Liebes- die Liebe zum Menschen, zum Nächsten, die Liebe zum Schöpfer.

Die Bewohner und Betrachter ringsum werden begeistert mitgerissen, so Selmeli, das seine ersten zwölf Lebensjahre in Riehen verbringt. In dieser Landschaft von Kirschbäumen, satten grünen Wiesen und gelben Löwenzahnfeldern nimmt Selmeli für seine späteren Jahre ‹natürliche› Eindrücke mit und gibt sie weiter.

Kosenamen

Selmeli ist einverstanden, wenn es mit persönlichen, privaten Bezeichnungen angesprochen wird, so mit ‹Popcorn Selmeli›. Diese treffen zu.

«Die Leute wollen mich so, in der Tracht, nicht aufgetakelt, ungeschminkt, als eine Marktfrau!»

Einmal fällt in einem Artikel die Nennung «*Jo die mit de Kinder und em Popcorn!*»

Die Bezeichnung ‹Rüschterli› bezieht sich wohl auf den Verkauf unzähliger Hilfsgeräte zum Rüsten von Obst und Gemüse.

Selmeli Ratti führt seinen viel besuchten Stand neben dem bekannten überlieferten Häfelimart am Petersplatz, wo Porzellan und anderes mehr gehandelt wird. «Selmeli ist kein filigranes Porzellanfigürlein, es gehört vielmehr zu den standfesten Tongefässen, die nicht bei jedem Windstoss umgeworfen werden.»
Armin Faes

Leuchtende Werbung

Seit Jahrzehnten schauen jeden Abend hunderte von Passanten und Trambenützer am Barfüsserplatz hinauf zur Hausfassade zwischen Gerbergasse und Falknerstrasse. Die aktuellste Werbung zieht vor einem vorbei. Eine grosse Leuchtschrift berichtet über die letzten Neuigkeiten von der Stadt, des Landes und der weiten Welt. Werbung verkürzt die Wartezeit bis zum nächsten Tram. Etwas Besonderes – eine gute Idee. Diskussionsstoff für die Tramfahrt wird gratis geliefert.

Hinter dieser Präsentation stecken ursprünglich der Tessiner Elvezio Ratti und seine Gattin Selma. Sie führen den ganzen Betrieb – und zwar mit Erfolg und reger Beachtung. Gute Einnahmen werden verzeichnet. Der Gewinn – meist in Gutscheinen – erlaubt die Erfüllung von Reiseplänen! Für Selmelis Wirken als stille Helferin in der Betreuung von Behinderten und Kranken bleibt gewiss auch noch ein Betrag übrig.

Mit der Zeit erlischt das Interesse an der originellen Berieselung durch Reklame und Information. Aber die Einrichtung funktioniert noch immer – darum kümmern sich neue Unternehmer.

Lauskinder

«Früher waren sie unternehmungslustiger. Da schnappte auch einmal ein Lausbub den Deckel meiner Popcorn Pfanne, und die andern taten sich gütlich an dem, was heraussprang. Wenn ich vor lauter Schnääderei wieder einmal eine Pfanne anbrennen liess, dann fand sich schnell ein Bub oder ein Mädchen, das sie mir für einen Franken und eine Portion Popcorn im Brunnen wieder putzte. – Heute werfe ich die Pfanne weg.»

Lebensqualität

«Für andere Menschen da zu sein – das ist meine Vorstellung von Lebensqualität».

Marktschreierin

Wo Menschen sich zusammenfinden und Geschäfte tätigen, geht es laut und aufgeregt zu. Denken wir nur an Berichte aus der Bibel.
Aber: wer rastet, der rostet – wer schweigt, wird vergessen, übergangen. Zu den Talenten, die seit Generationen unsere Märkte lautstark beleben, gehört der traditionelle ‹Billige Jakob›. Er gilt geradezu als Symbol des besten, cleversten, schlagfertigsten Verkäufers überhaupt. Im Marktbetrieb ist er ein Lockvogel. Auch wer nichts kaufen will; seine lauten Sprüche will jeder hören. Es sind zum Teil treffende Spässe, die einen kurzen Moment belustigen, denn ein bisschen Wahrheit steckt dahinter. Einige Sätze sitzen.
Ähnlich verhält es sich mit Selmeli, denn es gilt wohl als beste Konkurrenz zu allen hiesigen Jakobs sowie allen Kolleginnen.
Zu Beginn seiner Karriere ist es noch etwas scheu und die Geschäfte laufen ihm zu langsam. Dann gewinnt es einen besseren Kontakt zu den Leuten vor dem Stand. Seine Stimme wird lauter und als Marktschreierin weitherum hörbar. Die Angesprochenen kommen zuhauf, umstehen den Stand, kaufen, sie erwarten träfe Sprüche. Diese in deutlichem Basler Dialekt gehaltenen, spontanen Sätze, eigentliche ‹Basler Giftspritzen› reizen zum Teil zu einer Erwiderung aus dem Publikum. Das gefällt allen und zieht neue Kunden an; die Batzen und Noten wechseln die Besitzer. Einige, die Selmeli noch mit einem Spruch erheitert, beschenkt sie mit Äpfeln oder Popcorn – auch Kinder bekommen kleine Gaben, denn Selmeli ist überzeugt, das würden spätere Kunden. Die daneben liegenden Stände werden ebenfalls belagert und man erkennt ihre Auslagen nicht mehr. Aus diesem Grunde lehnen zahlreiche Marktfahrer Selmelis Nachbarschaft ab.
«Früher wollte keiner einen Platz neben mir, weil sich alle Kunden um mich versammelten».
Unsere Marktschreierin aber geniesst den Betrieb; sie meint mit Recht und voller Freude an Märkte und Messen: *«Weisch, dä Märt isch eifach my Läbe!»*.

Museum

In fast jeder Familie wird etwas gesammelt, vielleicht nur Fuffzgerli; doch ein Drang ist da. Selbstverständlich zeigt Selmeli ebenfalls einen entsprechenden Eifer, Besonderheiten zu präsentieren. Bei ihm sind es wertvolle Ditti, prächtige Persil Ditti, dann Dittihüüser, Dittiwääge, Dittigschirr, vertraute Spielzeuge, Porzellan-Werbetafeln, Plakate spezieller Art, alte Münzen, etc. Dabei strahlt alles in bestem Zustand und klarer Auslegeordnung. Jeder Besucher fühlt sich in die eigene Kinderzeit versetzt.

Ein Rundgang mit Selmeli durch die vollgestopften verträumten Schatzstuben ist einmalig, voller Spass und so ein reiches kurzes Erlebnis. Am Schluss steht etwas versteckt und doch gut sichtbar ein ‹Näägerli›; sein Nicken lockt.

Leider schliesst das Basler Museum beim Petersplatz: Plötzlich werden die herrlichen Güter in Kisten verpackt und nach Rust ins Walliserdorf übertragen. Wegen unkorrektem, lieblosem Verhalten eines Hauseigentümers verschwindet etwas Schönes.

Nigginäggi

Überliefertes Brauchtum in Familienkreisen spielt regional immer eine wichtige Rolle: Anlässe und Feste mit Kindern gehören zum Jahresablauf. Selmeli fördert entsprechende Ereignisse. In Haus und Garten am Abhang des Bruderholzes, ganz in der Nähe der viel besuchten Kunsteisbahn, stehen immer wieder Kinderanlässe auf dem Programm. Die Zusammenkünfte mit Kindern aus dem Quartier bilden eigentliche Höhepunkte. Der grosse Garten lädt dazu ein. Das bunte Treiben ist stets beliebt und wirkt anziehend. Etwas ganz Einzigartiges ist der traditionelle Nigginäggi zu Hause. Auch in den unteren Schulklassen werden Vorbereitungen getroffen. Am St. Niklaus-Tag, dem 6. Dezember, trifft man sich zum Tee und freut sich über das Auftreten eines Nigginäggi. Als St. Nikolaus erscheint ein Bischof mit einem Diener. Er führt mit den Kindern ein ernstes und wohlwollendes Gespräch zu ihren jährlichen Taten und ihrem Benehmen in Haus und Schulstube. Da geht es wortreich, strafend aber auch lobend zu. Kleine Gaben wie Nüsse, Äpfel, Orangen und Süssigkeiten kommen aus den mitgeschleppten Säcken und fördern die Stimmung. Selmelis Einladungen werden zu bleibenden Anlässen. Kinder und Einladende geniessen die Stunden miteinander.

In seiner Jugendzeit muss Selmeli während zweier Jahre wegen Tuberkulose das Kinderspital hüten. Später erfreut es am gleichen Ort die kranken Kinder mit seinem Besuch am 6. Dezember.

«10 Johr lang han i mit em Esel ‹Dixi› im Kinderspital dr Santiklaus gmacht.»

Näägerli

All die von Selmeli mit viel Freude ausgestellten kleinen Schätze benötigen Pflege und Erweiterung. Bei einem Besuch steht am Schluss eine kleine traditionelle Sammelbüchse, ein Näägerli.

Durch den Einwurf einer Münze, beim Hereinstossen einer Note, bedankt sich der auf dem Kässlein knieende Neger mit einem Nicken des Kopfes. Schmunzelnd und erfreut verlässt dann der Spender das Haus.

Original

Bei der Erwähnung der Person Selmeli Ratti heisst es sogleich, es handle sich um ein Original. Was versteht man darunter?

Der Begriff ‹Original› bezieht sich in erster Linie auf Objekte der Kunst, Literatur, Musik, Gastronomie und weist auf die Art der Entstehung einer Arbeit oder eines Werkes hin. Diese sind echt, unverfälscht, nicht nachgemacht oder imitiert. Die Umstände sind vollkommen und direkt. Jede Arbeit gilt als Unikat, als Produkt eines Künstlers.

Im weiteren bezieht sich der Ausdruck ‹Original› auf ein Individuum, auf eine besondere Persönlichkeit, «die unabhängig von der Meinung anderer in liebenswerter Weise durch bestimmte originelle Besonderheiten auffällt, die oft auch in der Lebensweise und im Auftreten in der Öffentlichkeit zum Ausdruck kommen.» (Duden, Bd. 5)

All das hier Erwähnte ist im Wirken, Reden und Auftreten von Selmeli erkennbar. Dazu gehören ferner eine gewisse Offenheit, Hartnäckigkeit, Kampfgeist (besonders Behörden und deren Vertreter gegenüber), verschiedene Eigenheiten, etwas Galgenhumor, Selbstvertrauen.

Das Basler Selmeli dokumentiert noch etwas Besonderes, die Beziehung, das Heimweh zum verträumten Petersplatz mitten in der Altstadt. Hier findet es Kontakt mit seinen Anhängern.

Petersplatz

Am Rande der ältesten Stadtpartien von Basel, ausserhalb des Mauerrings aus der Zeit um 1200, erstreckt sich der Petersplatz. Er bildet mitten im hektischen Betrieb von Universitätsinstituten, Schulen, Kirchen, Geschäften ein einzigartiges Idyll. Lange führt von der Peterskirche ein Brücklein über den breiten Stadtgraben, erst nach 1600 erfolgt dessen Auffüllung.

Seit 1227 stehen hier Bäume, finden Wettrennen, Spiele, Paraden, Empfänge, Belustigungen, Messe (Häfelimart), Feste aller Art, etc. statt. Beim Spalentor ist der Platz für Schiessübungen mit der Armbrust.

Johann Peter Hebel (1760–1826) schreibt über diesen Platz in seinen Gedichten: z.B. «*Wie ne freie Spatz / uff em Petersplatz...*»

Für die Basler Geschichte ist der Petersplatz ebenso wichtig wie der Münsterplatz oder der Marktplatz. Er gehört der Bevölkerung als Ort der Unterhaltung und Freude. Viele Bewohner suchen Selmeli auf dem ‹Peti›, es ist ein Bestandteil vom Platz und dessen Atmosphäre! Er präsentiert sich vor allem dank des Einsatzes von Selmeli als allgemein geschätzter Treffpunkt von Grossbasel. Dazu zählt ebenfalls Selmelis Tätigkeit als Verkäuferin, Demonstrantin, Marktschreierin... Nicht zu vergessen sind kleine private Anlässe, Geburtstagsfeiern, Bürger-Zmorgen. Hier ist Selmelis Welt.

Popcorn

Die ganze Geschichte mit dem Popcorn in Basel erfahren wir in einem Interview:

«Das ist vor etwa 35 Jahren, um 1950. Damals verkaufte ich in der ‹Rheinbrücke› (bekanntes Warenhaus im Kleinbasel, heute ‹Manor›). Sie hatten dort eine Popcorn Maschine. Ich probierte zu Hause aus, ob das nicht auch mit einer Pfanne zu machen ist – und es ging. Das Popcorn lief in der ‹Rheinbrücke› nicht besonderes gut. Ich kaufte die ganzen Körner auf und begann an der Herbstmesse selber mit einem Popcorn Stand.»

Mit dem neuen Schlager gewinnt Selmeli neue Kunden.

«Ich habe die auch heute (1987) noch, meine Stammkundschaft, die Leute wissen genau, dass sie von mir auch einmal ein Päcklein geschenkt bekommen.»

Popcorn als Spesen eines Ratsherrn
Zwai Mercedes, ai Nerz,
s Hyysli gmoolt vom Piatti
fimf Gugge mit Popcorn
vom Selmeli Ratti
e Yacht uff dr Ergolz,
e Rais no Toronto
Dasch e Dail vo de Speese
vom Nyffeler-Konto.

*Schnitzelbangg
vo de Gluggersegg, 1987*

Popcorn – etwas Geschichte

Der älteste Popcorn-Maiskolben wird um 1949 in New Mexiko entdeckt, sein Alter beträgt ungefähr 4000 Jahre. Im frühen 16. Jahrhundert nimmt während der religiösen Zeremonien der Azteken das Popcorn eine bedeutende Stellung ein; die Indianer nennen dieses Getreide ‹momochitl›. Die Azteken sind der festen Überzeugung, dass das aufgeplatzte Popcorn Hagel symbolisiert. Deshalb dekorieren die Gläubigen zur Verehrung ihre Götterstatuen mit vielen Popcorn-Ketten so z.B. ‹Tlaloc› den Gott des Regens und der Fruchtbarkeit. Die Jungfrauen tragen während der feierlichen Zeremonien als Priesterinnen wunderschöne Popcorn-Kränze. Die aufgeplatzten Körnchen leuchten wie kleine Blüten prächtig in den langen schwarzen Haartrachten!
Über 90% der weltweiten Popcorn-Ernte stammt aus einigen Zentralstaaten der U.S.A.

Emelyn González

Quartiere

Jede grössere Stadt weist zahlreiche kleine Zentren mit Kirchen, Schulen, Einkaufsmöglichkeiten, Sportplätzen, Unterhaltungsstätten, etc. auf. Es entsteht ein sogenanntes Quartier. Nicht jedes sieht gleich aus, jedes hat etwas Spezielles und wird von den Bewohnern besonders gerne benützt oder auch teilweise abgelehnt, ja gemieden.

Auch Selmeli und seine Angehörigen haben ihre Vorlieben: Gundeldingen und Innerstadt, also das Grossbasel.

Die Jugend verbringt es im prächtigen Riehen nahe beim Schwarzwald, später lebt es am anderen Ende des Sechsertrams in Allschwil, an der Grenze zu Frankreich. Später geht's ins St. Johannsquartier und in die Innerstadt (Steinenvorstadt), 1958 ins Gundeli hinter dem Bahnhof SBB (Dittingerstrasse) und 1971 ins Eigenheim mit Garten beim grossen Margarethenpark (Unterer Batterieweg). Einzigartig, träumerisch wird es dann 1980 in der Altstadt am Petersplatz. Auch hier haben die Kinder viel Platz zum Spielen und Rennen. 1993 kommt es zu einem Umzug drei Häuser weiter – doch der Charme des Orts bleibt!

Rössligasse

Am Dinkelberg hinter Bettingen liegt verträumt und von Wäldern umsäumt das Dorf Inzlingen mit dem bekannten Wasserschloss aus der Zeit um 1470 (heute eine Gaststätte). Der Aubach entwässert das Tälchen gegen Riehen. Umgekehrt führten einst ein Weg und später eine Strasse von der alten Martinskirche entlang des Baches Richtung Inzlingen. Die früheren Bewohner nennen sie einfach ‹Strasse gegen Inzlingen›. Ihre Abzweigung erfolgt an der Baslerstrasse gegenüber einem der prächtigen Basler Sommersitze. Als Bebauung entstehen kleinere Bauernhäuser und an der Kreuzung seit 1656 eine Gaststätte mit Tanzsaal, das ‹Rössli› (bis 1984). Das imposante Wirtshausschild stammt aus der Zeit um 1770. Ab 1825 heisst die Strasse Rössligasse. Selmeli Ratti wohnt von 1921–1932 in der Liegenschaft 16/18. Die Liegenschaft 19 ist zeitweise auch im Besitz der Pflegeeltern von Selmeli.

Bei der gewaltigen Entwicklung von Riehen seit den 20er Jahren kommt es zu bedeutenden baulichen Veränderungen. Aus Bauernhäusern entstehen Wohnhäuser, teilweise durch Renovation oder Neubauten. Die Liegenschaft Nr. 19 wird das Restaurant & Café ‹Schweizerhaus›.

Wirtshausschild aus dem Dorf- und Rebbaumuseum im Wettsteinhaus, Riehen

Riehen

Eines der schönsten Dorfbilder um Basel zeigt sich in Riehen. Aus dem Schwarzwald fliesst die Wiese; kurz vor ihrer Einmündung in den Rheinstrom breitet sich die Vorortsgemeinde aus. Die Besiedlung reicht in die frühesten Jahrhunderte (Steinzeit) zurück. Wegen des milden Klimas weist Riehen eine frühe, prächtige Kirschenblüte sowie ein beachtliches Rebgebiet auf. Zahlreiche Sommersitze vornehmer Basler Geschlechter befinden sich hier, ebenfalls berühmte soziale Einrichtungen wie Spitäler der Armen – und Krankenpflege, Schulen, Kliniken sowie frühere klösterliche Niederlassungen, einzigartige Kunstinstitutionen und prächtige Parkanlagen. Statistisch gesehen ist die Siedlung eine kleine Stadt, doch voll heimischem Dorfcharakter – eine sehr geschätzte Vorortgemeinde mit wenig Industrie. Beim Verweilen auf den Strassen und Plätzen begegnet man Diakonissenschwestern in ihrem Berufsgewand, zahlreichen Verwandten und Gästen aus den benachbarten deutschen Gemeinden. Man hört manch' fremden Dialekt und fühlt sich wohl.

Von 1920–1932 weilt Selmeli in dieser Gemeinde und erlebt viel Interessantes und Heiteres. Einige Zeit hat es Lust, später den Beruf der Diakonissin zu ergreifen; ihr Mutterhaus befindet sich inmitten von Riehen. Der Gedanke, einmal Mitmenschen zu helfen, ist schon in ihm wach.

Einige Jahrzehnte später erwerben die Ratti am sonnigen Abhang des nahen Tüllingerberges, im Rebberg ‹Schlipf› ein Wochenendhäuschen, das oft benützt wird, begleitet vom Esel ‹Dixi› und den Enten. 1968 findet hier mit dem bekannten Kabarettisten Alfred Rasser (1907–1976) eine unvergessliche Feier zu Selmelis 50. Geburtstag statt.

Ratti Elvezio

Mit einem kräftigen, freundlichen Handschlag begrüsst einen der über 80 Jahre alte Elvezio Ratti vor dem Bahnhof Lugano hoch über der Stadt, der Kathedrale und dem See. Ein eleganter sportlicher Herr lächelt entgegen. Hier ist seine Heimat, und mit Freude berichtet er über seine Vergangenheit südlich und vor allem nördlich des Gotthards – es sind Erlebnisse voller Spannung und ohne Klagen.

Vor 50 Jahren verlässt er als diplomierter Tessiner Lehrer seine Heimat und findet dank Freundeshilfe eine Stelle in Basel; wegen des Militärdienstes nicht als Pädagoge sondern als Zugführer bei den SBB. Nach sieben Jahren stiller Bekanntschaft heiratet er 1963 die hübsche Dame Selmeli Löliger.

Die Ehe steht bald im Zeichen der Jungen und der Behinderten; aus persönlicher Erfahrung weiss Selmeli um die Lage der Kinder, die keine Geborgenheit in einer Familie erfahren. Auch Ezio macht von Anfang an mit und setzt viel Geld ein. Ihre gemeinsame Fürsorgetätigkeit ist sehr auffallend, zum Teil beispielhaft und wird von den Behörden anerkannt und geschätzt. Diskussionen über Fragen der Erziehung tauchen selbstverständlich auch auf. Die Adoption von vier Kindern und die Fürsorge für total 53 Buben und Mädchen sprechen für sich. Selmeli betont stets, dass sie insgesamt zusätzlich über 20 Kinder betreut haben, ohne den Behörden etwas mitzuteilen. Der Bürokratismus macht ihnen ab und zu etwas Schwierigkeiten und führt zu Verschwiegenheit sowie ‹Nebengeräuschen›. Doch sie finden immer eine Lösung, und es entstehen keine bleibenden Wunden.

Der Gatte verwendet seine Freizeit immer intensiver zu einer aufbauenden Mithilfe; er geht mit in den Europapark, bringt die Kinder zu Ärzten. Seinen Beruf schätzt er sehr, findet ihn streng und interessant. Innerhalb der Gewerkschaft und des Vereins ‹Pro Ticino› in Basel übernimmt er zusätzliche Aufgaben und wird sehr geachtet. Bis heute ist er ein echter Kollege. 1986 erreicht er das Pensionsalter und zieht wieder zurück in seine Tessiner Heimat, bleibt jedoch mit der Gegend am Rhein verbunden und vergisst seine Verpflichtungen nicht.

Selmeli betont: *«…aber dä Ratti Maa isch mir zur Syte gstande sunscht wär das nit gange!»*

Rüsterli – Rüstmesser

Im Alltag unserer Gegend nennt man das in der Küche verwendete kleine Messer ‹Rüstmesser›. Dazu sei festgehalten, dass rüsten eine andere Bedeutung hat. Rüsten heisst nicht vorbereiten sondern ursprünglich ausstatten, schmücken, sich bewaffnen oder auch ‹sich für etwas bereit machen›, ‹sich festlich kleiden› oder ‹sich rüsten zum Aufbruch›. Einzig in der Schweiz wird das Wort beim Gemüse, bei den Salaten verwendet, ebenso für putzen.

Selmeli kommt noch ein anderer Verdienst zu. Bei seinen Einkäufen stösst es einmal auf ein neues amerikanisches Arbeitsgerät zum Schälen von Obst und Gemüse.
Selmeli verwendet beim Anpreisen erstmals den Schweizerischen Ausdruck «rüsten» und nennt sein neues Zaubermittel Rüstmesser. Die Kundschaft akzeptiert diese Bezeichnung und bezeichnet das ‹Verkaufsgenie› schmeichelhaft mit dem Kosenamen ‹Rüsterli›.

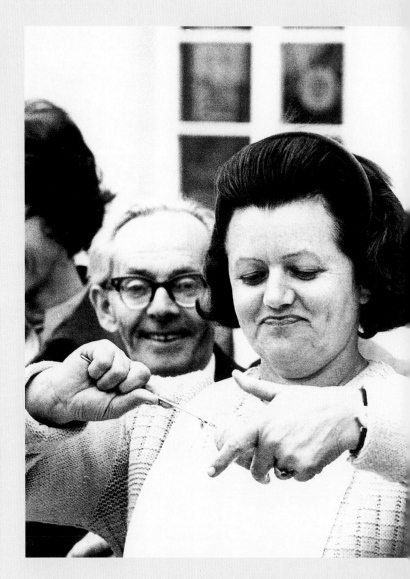

Rooseli

Zum Selmeli-Haushalt gehören auch Tiere, so ein Hahn mit Namen ‹Rooseli›. Während der Messe verlässt das von jedermann geschätzte und streng gehütete Tier einmal seine Behausung und stolziert auf dem belebten Petersplatz umher und fliegt auf ein Dach. Aufgrund von aufgeregten Passanten rückt die Polizei aus, um das Federvieh einzufangen. Selmeli ist aufgeregt und wehrt sich laut. Mit Erfolg und Tierliebe: Rooseli darf nicht angefasst werden. Sein Spaziergang macht in der Folge als heitere Anekdote in der Stadt die Runde. Rooseli wird ein Basler Lieblingstier!

Auch in einem Gedichtvers lebt es weiter:

«…Am Petersplatz 6, im Selmeli sym Huus,
Gooht sit e paar Wuuche e Hienli y und us.
Isch s'Rooseli vorusse, stolziert's ummenand
Oder s'hoggt uff em Bänggli und frisst us dr Hand.
Im Gebüsch scharrt's und biggt's, grad wie uff em Agger
Und scho hörsch si zfridenes Hienergegagger...»

Dölf und Sonja Woreth
Selmelis 70. Geburtstag, Juli 1988

Rust

In Baden-Württemberg, 210 km nördlich von Basel, entwickelt sich seit 1975 in Rust ein imposanter Freizeit- und Kulturpark. Inmitten eines wunderbaren Parks steht das über 500 Jahre alte Schloss Balthasar. Ringsum sind die eindrücklichen Festbauten von grosszügigen, gewagten Karussells, Bahnen, Hotel, Kopien von historischen Bauten sowie Plätzen aus ganz Europa, Wasserspielen, Gaststätten usw. Jedes Jahr wird der Europa-Park für Millionen von Besuchern ein Ort interessanter Erlebnisse mit Attraktionen. Einige Walliser Bauten weisen auf Schweizer Spezialitäten hin, sie locken ebenfalls viele Besucher an. In einem typischen Haus befindet sich das Selmeli-Museum. Die zahlreichen historischen Schätze waren einst im Ratti-Wohnhaus am Petersplatz zu Basel ausgestellt.

Selmeli hat schon früh den Gedanken, Gruppen von Kindern, Behinderten und älteren Personen aus Basel und Umgebung nach Rust und zu den interessanten Vergnügungsstätten zu begleiten. Und es hat spontan grossen Erfolg: 1978 erster Besuch; 1980: 50. Besuch; 1982: 100. Besuch; 2004: 545. Besuch. Selmeli bereitet so total 26'500 jungen und älteren Mitmenschen bleibende Freuden. Seit einigen Jahren hilft Cello tatkräftig bei der zeitraubenden Organisation mit.

Sammeltopf

Seit der Mitte der siebziger Jahre steht auf dem Stand von Selmeli am Petersplatz ein roter Topf mit weissen Tupfen. Das ist der legendäre Sammeltopf für Rust. Aus dem Erlös werden die Fahrten für behinderte Kinder in den Europa-Park mitfinanziert. *«Der Erlös aus meinem Flohmarktstand am Samstag geht vollumfänglich in den Rusttopf.»* In diesen Topf kommen zudem Beiträge aus Apéros und andere Zustüpfe. So ergibt sich das nötige Geld für die verschiedenen Reisen.

Pro Saison sind das 15–20 Fahrten. *«Es ist meine grösste Befriedigung und Freude, zu sehen, wie die Kinder Spass haben.»* Ähnlich verhält es sich mit den Leuten aus Altersheimen.

Selma, Selmele, Selmeli

Ein ganzes Buch ist hier einer Person gewidmet, ein ganzes Buch einem Mädchen, einer Frau mit einem früher vertrauten Namen. Der Wunderfitz ist ja überall anzutreffen, darum die Frage, was heisst eigentlich Selmeli?

Über die Geschichte des Namens Selma sind zwei Deutungen bekannt. Die eine geht interessanterweise auf ein Dorf zurück. In den sogenannten Ossianischen Gesängen des 18. Jahrhunderts, einem Werk des Schotten James Macpherson (1736–1796), wird ein Dorf und ein Land ‹Selma› erwähnt. In der grossen Begeisterung für dieses Epos bürgert sich der Name ein und wird um 1800 auch in unserer Gegend erwähnt und zu den beliebten Vornamen gezählt. Als berühmte Trägerin des Namens sei an die schwedische Dichterin Selma Lagerlöf (1858–1940) erinnert.
Der Name Selma ist zudem bereits im Arabischen bekannt und weist auf das Hebräische Wort Salomo = der Friedensreiche; Anselmo = Gott + Schutz.

Der 20. Juni steht in den Kalendern als christlicher Namenstag.

Spalentor – Spalenvorstadt

Viele Jahre lang wohnt Selmeli mit all seinen Schätzen ganz in der Nähe der trutzigen Stadtbefestigung aus dem frühen 15. Jahrhundert. Das grosse eindrucksvolle Tor, das ‹Spaledoor›, das am Ende der verträumten Spalen-Vorstadt von den grünen Tramwagen mit ein wenig Lärm und etwas majestätisch umfahren wird, gehört zur täglichen Begegnung. Die zwei runden Türme und die angrenzenden kleinen spätmittelalterlichen Häuschen erinnern Selmeli und alle Passanten an eine glanzvolle alte Basler Geschichte. Die zahlreichen Steinfiguren zur Zierde und zum Sinnbild der Sicherheit und des Schutzes vermitteln noch heute stolze Vergangenheit. Die Spalenvorstadt präsentiert sich in einem äusserst gut erhaltenen schmucken Kleid des Spätmittelalters. Hier zeigt sich nach dem trutzigen Tor die Stadt Basel für Pilger, Wallfahrer, Kaufleute, Händler, Studenten, Gelehrte, Künstler aus West- und Nordeuropa von der besten Seite. Auch für das leibliche Wohl wird gesorgt; zahlreiche Gaststätten laden ein.

Schatten

Im Leben von Selmeli treten auch Schicksalsschläge auf, so die aktuellen Süchte wie Alkohol, Drogen, etc. Es kennt deren Konsequenzen durch seinen hilfsbereiten Kontakt mit vielen leidvollen Jugendlichen. Seine Bemühungen, die Süchtigen zu einer Umkehr zu bewegen, sind intensiv und zum Teil erfolgreich.

Auch Selmelis Anstrengungen um mehr Ordnung im Alltag, in der Wohnung, am Arbeitsplatz werden beachtet. *«Gäll y bi e Diffisili»* sagt Selmeli in seinen Lebenssprüchen.

Die Krankheit hat leider auch im nächsten Umfeld von Selmeli zugeschlagen. Wichtig sind ferner seine verantwortungsvollen Warnungen; sie zeigen Erfolg.

Ein kleiner Rückschlag war die sinnlose Zerstörung der Ruhebank hinter der Selmeliwohnung. Jetzt strahlt dort wieder schöne Blumen- und Rebenpracht, doch es ist immer noch kein Ort der Erholung.

Spalentor-Hosen

Unter den vielen Kleidungsstücken der ansprechenden Ausstellung in verschiedenen Ecken von Selmelis Hauseingang (heute im Selmeli Museum in Rust) finden sich einige Exemplare von ‹Spalendoorhoosen›. Dieses sind altmodische, gut erhaltene, unvergilbte, im Schritt offene Frauenunterhosen. Ihre gelappten Stösse erinnern an die weithin sichtbaren Zinnen der Spalentor-Rundtürme. Als wahre Museumsstücke finden sie rege Beachtung und Interesse. Es sind typische Kleidungsstücke der Basler Mode.

Schicksal

In der Schule findet Selmeli nicht die besten Verhältnisse vor. Dies vor allem wegen der Lehrerin, die das muntere Mädchen nach dem Namen seiner Pflegeeltern Löliger in Riehen mit ‹Löli› anspricht und so im Kreis aller Kinder erniedrigt. Das tut weh. Es kommt sogar ein Hass auf. *«Ich war die Dümmste im ganzen Schulhaus. Und ich hatte immer Streichhölzer dabei; weil ich das Schulhaus anzünden wollte.»* Das Kind aber findet selbstbewusst seinen Weg.

Das Schicksal hat Selma Ratti nicht verschont. Ihre Pflegemutter starb, als sie sieben Jahre alt war. Mit 13 folgte der nächste Schock: Die leibliche Mutter riss das verunsicherte Mädchen aus der Pflegefamilie und nahm es zu sich. *«Es war die Hölle auf Erden»*, erinnert sich Selmeli. *«Was ich da mitgemacht habe, kann ich niemandem erzählen.»*

TR7 Dezember 1999

Tracht

‹Tracht› kommt von Tragen und drückt ursprünglich aus ‹das, was getragen wird›. Es ist das Kleid der Bevölkerung und zwar im Alltag wie am Festtag. Trachten gibt es schon seit dem 19. Jahrhundert, als Kleid im Gegensatz zum modischen Gewand. Es heisst, in der Zeit der Französischen Revolution tritt an Stelle der traditionellen Volkskleider ein neues modisches Gewand. In allen Gebieten der Schweiz und Mitteleuropas bestehen typische Kleidungen, die sich durch Stoffart, Farbe, Länge sowie Kopfbedeckung, Bluse, Mieder, Rock, Schürze, Schultertuch, Kniehosen, Unterrock, Strümpfe, Schnitzsack, Schuhe, Filethandschuhe und Schmuck unterscheiden.

Für Selmeli ist die Tracht geradezu der Begriff der Kleidung. Zu ihm gehört die Basler Werktags-Tracht als etwas besonders Typisches. Sie bildet die Stadt-Tracht ohne die verschiedenen zusätzlichen Merkmale. Im Schnitt und im Schmuck hält sich unsere Trägerin an keine festen Bestimmungen, doch der Gesamteindruck entspricht der allgemeinen Form.

Selmeli drückt dabei eine gewisse praktische und feste stolze Einstellung zum Volkskleid aus. Es ist ein ‹Markenzeichen› und ein Bekenntnis zur Stadt und ihren Eigenheiten.

Für das Auftreten der adoptierten und betreuten Kinder bildet die Basler Tracht geradezu eine Selbstverständlichkeit der Mädchen. Viele Feiern im Quartier und viele private Anlässe erhalten durch das Erscheinen der ‹Selmeli-Kinder› in der Basler-Tracht ein spezielles Gepräge. Die Basler Bevölkerung zeigt dafür reges Interesse und Freude. Die Kinder dokumentieren so eine stolze, festliche sowie familiäre Gemeinschaft.

Tell – ‹Zum Tell›

Der ‹Tell› erinnert an vergangene Schweizer Geschichte; Speis und Trank locken wie einst. Die Gäste entsprechen der Tradition. Während der Messe und den Märkten auf dem Petersplatz treffen sich hier viele treue Passanten und Bürger. Als Nachbarin und Marktschreierin gehört selbstverständlich Selmeli fast täglich dazu.

Tasche

Am ersten Messestand von -minu erwirbt Selmeli eine Ledertasche. Sie wird zu seinem Lieblingsbeutel. In New York geht sie leider verloren, doch Selmeli gibt die Suche nicht auf. Mit einem Taxi wird die Einkaufsroute wiederholt. Und…! Auf einem Berg von alten Gegenständen wird man fündig, die Suche hat sich gelohnt. Seither ist die Tasche immer ein fester Begleiter unserer älteren Dame.

Universität

«I kumm nit! I fühl mi in dämm Kreis nit soo wohl» meint Selmeli zu mir wenige Stunden vor einem vereinbarten Termin. Es geht um die Vorlesung an der Universität im Jahre 1990. Ich halte einen Volkshochschulkurs mit vielen Zuhörerinnen und Zuhörern am Petersplatz direkt gegenüber dem Wohnhaus von Selmeli. Das Thema lautet ‹Originale unserer Stadt›. Selbstverständlich gehört auch unsere geschätzte Ratti-Mitbürgerin dazu.

Am betreffenden Nachmittag erkundige ich mich telephonisch noch einmal und spüre dabei deutlich eine gewisse Unsicherheit und Aufregung. Die Ablehnung überrascht mich nicht, oft tönt es ähnlich. Ja, ich sollte mich eigentlich damit abfinden. Doch ich versuche eine Lockerung der Situation. Ich betone, dass unter der grossen Zuhörerschaft viele seiner Bekannten vom Flohmarkt oder vom Alltag am Spalentor anzutreffen sind. Es selbst sei ein Glied dieser Wohnbevölkerung. Zuletzt bestätigt es sein Kommen.

Kurz vor Beginn begleite ich Selmeli in die stilvolle, mit Glasscheiben und Wandteppichen versehene Aula. Die Begrüssung ist spontan und herzlich. Bald kommt es zu einem offenen, aufschlussreichen Gespräch. Die vielfältigen Fragen aus dem Publikum beantwortet Selmeli frei und ohne Zögern wie bei seinem Auftreten an den Verkaufsständen. Oft wird über die Äusserungen geschmunzelt, gelacht; immer wieder zeigt sich eine Persönlichkeit voller Sympathie, Anerkennung sowie Freude. Der Universitäts-Abend endet geradezu herzlich; Selmeli spürt ein Wohlwollen.

Unterstützung

Die wichtige finanzielle Unterstützung findet Selma Ratti durch seine eigene Tätigkeit auf Messen, Märkten und Apéros im eigenen Heim und an kleineren Anlässen. Die ‹hilfsbereite Dame in Tracht› vom Petersplatz wird ferner gesponsert durch die Stadt, die Bevölkerung und durch weitere Kreise.

Besonders erwähnt seien die namhaften Beträge der beiden Regierungen von Basel-Stadt und Basel-Landschaft aus einem bestimmten gemeinnützigen Stiftungsfonds. Dazu kommen Couverts mit wertvollem Inhalt von Geschäften, Vereinen, Zünften, privaten Anlässen aller Art, etc. von zahllosen bescheidenen bekannten Basler Bürgerinnen und Bürgern!

Unterwäsche

«Das war, als mich Caraco, das Spitzengeschäft, anrief und fragte, ob ich einen Posten alter Unterwäsche für sie verhökern würde. Ich zögerte zuerst, aber das ging weg wie frische Weggli. Da waren Damenhemden bis zum Boden darunter, Henkel-Plüschleibchen, Herrenunterhosen mit Perlmutterknöpfen.»

Verträumtes Vesalgärtli

Beim Hauptgebäude der Basler Universität versteckt sich zwischen Petersplatz und Spalenvorstadt hinter dem Wohnhaus von Selmeli ein reizvolles Gärtchen. Prächtige Rosen, bunter Sommerflor und Reben – ein wahres Bijou! Die nahen Hinterfassaden der mittelalterlichen Spalenvorstadt zeigen gepflegte Häuser in Pastelltönen – Niggi Stoecklin, der geschätzte Riehener Künstler des 20. Jahrhunderts, schuf die malerische Gesamtzierde. Während einiger Zeit lockte im Gärtchen eine Bank zum Verweilen, leider kam es zu ihrer Zerstörung.

Vesalgässlein

Wenn auf die Lage des Hauseingangs geachtet wird, wohnt Selmeli eigentlich nicht am prächtigen Petersplatz, sondern an einem kleinen winkligen und schmalen Durchgang zu einem Innenhof zwischen grossen Randbebauungen. Die Bezeichnung Vesalgasse, bei den Einheimischen Vesalgässlein, bildet die Ehrung eines Mannes, der vor Jahrhunderten an der Basler Universität ein reiches Gelehrtenleben geführt hat: Andreas Vesal (1514–1564), Professor der Medizin und Anatomie.

Sein Einsatz und sein Erfolg gründen sich auf einem damals modernen und ungewohnten Anschauungsunterricht. Als Verfasser grundlegender Werke über den Bau des menschlichen Körpers vermittelt er eine Anschauungslehre. In der früheren Elisabethenkirche finden damals öffentliche Sektionen statt. Ein von ihm erstelltes Skelett (Anatomiemuseum Basel) gilt weltweit als das älteste bekannte Anatomiepräparat. Gewiss erzählt sogar ab und zu Selmeli die Geschichte, die zu seiner Wohnadresse gehört, einer Gasse zu versteckten städtischen Winkeln.

Verkaufstalent

Schon mit 18 Jahren geht Selmeli beruflich seine eigenen Wege; während eines Mittagessens redet vom Nebentisch her ein Gast die junge Dame an und fragt, ob sie sich bewusst sei, dass sie der damals sehr bekannten französischen Filmschauspielerin Simone Signoret gleiche.

«Ich war gerade auf Arbeitssuche, und so kam mir das Angebot des Tischnachbars, eines Herstellers von neuartigen Lockenwicklern, sehr gelegen. Er schlug mir vor, an Ständen in Warenhäusern sein Produkt vorzuführen und zu verkaufen... Ich sehe mich noch heute hinter meinem ersten Stand stehen, schrecklich verdattert und ohne den Mut, jemanden anzureden, bis mir die Abteilungsleiterin klipp und klar sagte, wenn abends kein Geld in der Kasse klingele, könne ich meinen Stand innert Kürze räumen.»

Bald verschwindet diese Schüchternheit, und sein Verkaufstalent zeigt sich; mit Sprüchen lockt es Kundschaft herbei, arbeitet auf eigene Rechnung und preist billige Waren, vor allem kleine Haushaltsgeräte, im ganzen Land an.

Wachskerzen

Seit Jahrzehnten beschäftigt sich Selmeli – zeitweise vor dem Haus – mit dem Ziehen der begehrten Wachskerzen. Sie leuchten im Alltag, an Festen und vor allem an Weihnachten. Der notwendige Bienenwachs wird als kleine Platten importiert. Daraus entstehen sorgfältig die typischen bräunlichen, zart riechenden Kerzen. Selmeli hat in zahlreichen Geschäften eine treue Kundschaft; in seinen Wohnräumen auch zudringliche Bienen.

Einem Journalisten gegenüber äussert sich Selmeli recht erfreut über die Tierchen, die seinen Marktstand umsäumen: *«Die Bienen kommen ‹scharenweise› zu mir auf den Markt, sitzen auf meine Kerzen, warten bis am Abend und begleiten mich nach Hause.»*

X eppis

Vor dem Stand von Selmeli staut sich die lustige Kundschaft, das Geschäft läuft. *«Wie tüür isch so n e Päggli Hienerfueter?»*, fragt ein Mann. *«Das isch glych, gib aifach X-eppis, dr Räscht isch joo fir e Fahrt vo Behinderte nach Ruscht. Lueg do isch dr rot-wyssi Sammeltopf – Danggerscheen!»*
Selmeli meint: *«Mit de Goofe muesch immer nätt sy, das sinn in zäh Johr myni Kunde und die Alte sinn uff em Hörnli.»*

Yen

Bei seinen Verkäufen auf den Märkten und Messen bekommt Selmeli viel Münz in die Hände, meist Rappen, Batzen und Franken, ab und zu deutsche Pfennig und Mark sowie französische Centimes oder Francs.

Die Ratti benötigen jedoch auf ihren zahlreichen Auslandreisen auch Fremdwährungen. Den Erlös aus der Leuchtschrift am Barfüsserplatz verwenden Selma und Elvezio in Ägypten, Indien, China und Japan; in letzterem bezahlen sie ihre Andenken in Sen und Yen.
Die Begegnungen im Fernen Osten bereiten ihnen manche Freude und viel Wissen, ebenso wertvolle Erfahrungen. Die Rückkehr nach Basel erleben sie als Heimweh und Neuerleben von Liebvertrautem.

Zibele-Märit

Jeder Markt, sei es in einem Dorf, Quartier oder in einer Stadt, bedeutet heitere, unterhaltsame sowie unbeschwerte Momente des Alltags. An Märkten werden es regionale Feste. Selmeli merkt bald, dass es auch auswärts mitmachen soll und kann. Der Zauber ist gross und der Zibele-Märit in Bern lockt. Andere Atmosphäre, andere Leute!

Der Berner Markt reicht weit zurück bis zum mittelalterlichen Martinimarkt. Geblieben ist der ‹Zibele-Märit›. Die Bauern des freiburgischen Sensebezirks bringen jährlich am vierten Montag im November ihre Zwiebeln fein geflochten auf verschiedene Marktplätze der Aarestadt. Überall werden noch viele andere Marktartikel verkauft. Dazu gibt es auch Wähen und verschiedene Überraschungen mit Unterhaltung. Bern ist im heiteren Trubel!

Auch Selmeli bereitet seinen Stand vor und schwatzt mit manchen Bernern aus nah und fern! Fremde Ausdrücke tönen hin und her, ungewohnt, behäbig, neu; z.B. grüsli, es Meitschi, es Gaffee, gleitig, i auer Rue, Haguwätter, di auti Eiche, Gäud, di eutischte Lüt, ga choufe, acheloufe (herunter fliessen).

Vieles, was die Leute sagen, versteht Selmeli nicht recht, es muss genau aufpassen. Der Verkauf verläuft zudem nicht ganz nach Wunsch, seine Artikel fallen nicht besonders auf.
Plötzlich ertönt ein erregter Ausruf: «*Mr ischs mit däm kaibe Bäärndytsch verleidet, jetzt schneer ych Baseldytsch!*» Solche Stimmungswechsel sind für Selmeli typisch; es wird so energischer und fällt auf. Und ein gutes Ende bleibt nicht aus. Das laute Markttreiben verlangt Bewegung und Aktivität. Jetzt läuft das Geschäft. Der Stand der Baslerin findet Beachtung und viel Berner Kundschaft. Selmeli ist im Element.

Zimmerherr

1956 sucht ein junger Tessiner, der 1941 sein Lehrerpatent erworben hat, eine Stelle. Nach dem Examen muss er wegen des Krieges Aktivdienst leisten. Im Schuldienst ergeben sich Schwierigkeiten; die Stellen sind alle besetzt! Freunde verweisen Elvezio Ratti auf den Personalmangel bei den SBB hin. In Basel ermöglicht ihm Adolf Bucher die Tätigkeit als Zugführer. Von Anfang an ist Ezio begeistert und zufrieden. Seine pädagogischen Fähigkeiten ermöglichen ihm, zusätzlich im Bereich der Ausbildung tätig zu sein und zwar als Instruktor bei den Zugführern. Die ersten Zugführerinnen hat Ezio geschult und gefördert.

1956, bei der Suche und der Miete einer Unterkunft in Basel hat er Glück. Ein Obdach als Untermieter findet er bei Selma Löliger an der Voltastrasse im St. Johann Quartier. Rasch ist der Mietvertrag perfekt, Jahre später wird er auf eine Wohnung an der Steinenvorstadt übertragen. Der eigentliche Mietvertrag bleibt jedoch Jahre bestehen, denn 1963 kommt es zu einer sympathischeren und solideren Vereinbarung; Selma und Elvezio schliessen den Ehevertrag. Am 2. April 1963, wird in Basel die Trauung vollzogen und im Hotel Kreuz zu Balsthal gefeiert. Ein Theaterstück ‹Hopp Ratti hopp› begeistert die Hochzeitsgesellschaft.

Zapfenlocken

Aus der Zeit des Biedermeier-Stils in Mode, Kultur und Gesellschaft (erste Hälfte des 19. Jahrhunderts) ist in der Haarmode der Damen die besondere Frisur mit Zapfenlocken überliefert – die Zierde mancher Schönheit.

Der Begriff bezieht sich nicht auf den Zapfen einer Weinflasche, sondern auf die prächtigen Zapfen einer Tanne, wie wir sie aus den dunklen, stillen Wäldern vom Feldberg und Jura kennen.

Auch Selmeli zeigt sich gern in diesem ‹Look› und fällt damit auf. In den kommenden Jahren bis heute bleibt es ihm treu und wirkt geradezu originell. Der Stil gilt als passendes sympathisches Kennzeichen von Selmeli. Sein Auftreten in der Basler Tracht ohne Zapfenlocken kommt nie in Frage.

Zufriedenheit

«Kann ich es schöner haben als hier? Und fällt mir einmal die Decke auf de Kopf, dann mache ich eine Kanne Tee und setze mich vor das Haus. Da bin ich nicht lange allein.»

«Wenn ich noch einmal auf die Welt käme, ich würde es genau gleich machen. Doch, ich bin zufrieden. Wenn ich sterben muss – ich habe keine Angst davor – dann kann ich sagen, ich habe mein Leben gelebt.»
Interview Ausschnitt von C. Christen, 1987

RÜCKSCHAU

*Ein Bild
sagt mehr als tausend Worte…*

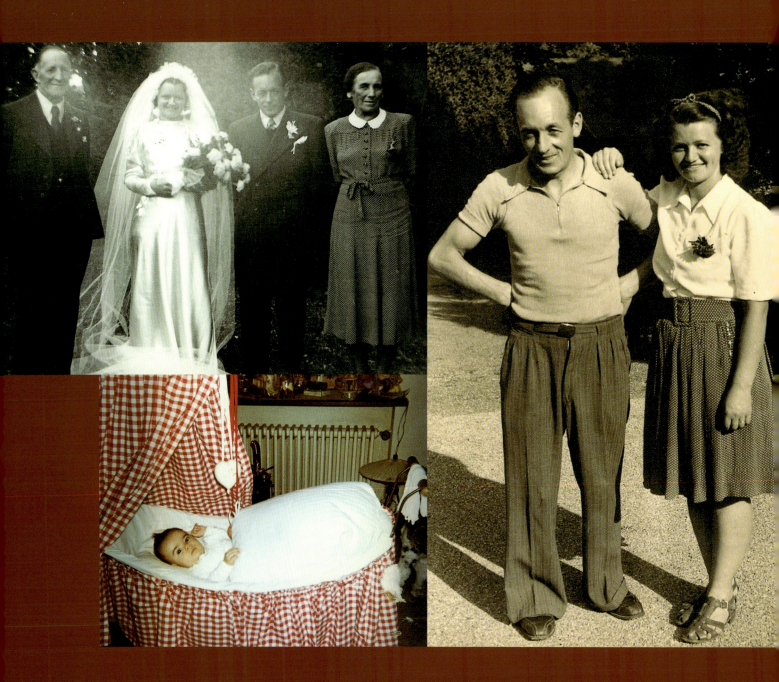

BEGEGNUNGEN

Begegnung mit Selmeli Ratti, 1954

Im November und Dezember wollte ich in der alten Rheinbrücke (heute Manor) arbeiten. Mein Arbeitsplatz war im grossen Windfang nach dem breiten Eingang; dann erst kam die hohe Verkaufshalle. Hier im Windfang musste ich als gelernte Parfumerie-Verkäuferin einen Berg ‹Peter Pan› Seife verkaufen.

Selmeli hatte seinen Stand in der Nähe und verkaufte traumhaft schöne Unterwäsche und Nachthemden. Sie war sehr gut, sie konnte alles mit ihrem ‹Charme› an die Kunden bringen!

Bis 12 Uhr konnte ich noch keine Seife verkaufen. Daher musste ich ins Personalbüro. Oh jeh, ohne Verkauf keine Arbeit! So wurde mir mit der Kündigung gedroht. Als ich wieder bei Selmeli war, hatte es starkes Mitleid mit mir. Die Tränen auf meinem geschminkten Gesicht haben sein Herz erweichen lassen. Selmeli hat dann mit ihrem Talent die Werbung übernommen. Die ‹Peter Pan› Seife kam zu der schönen Unterwäsche!

Am Abend war zum Glück mein Warenhaufen verkauft.

Véronique Glaser

Begegnung mit Selmeli

Etwas überfordert, bediente ich als blutjunge Verkäuferin eine Kundin mit kräftiger Stimme und einem ungewöhnlichen Wunsch.

«Kann ich dreissig farbige kleine Mohrenköpfe bestellen? (Damals durfte man noch Mohrenkopf sagen.) Sie müssen grün, rosa, gelb und himmelblau sein, mit Gesichtern dekoriert. Es ist für einen Kindergeburtstag.»

Für solch spezielle Bestellungen musste ich mich zuerst beim Lüthi-Begg in der Backstube erkundigen. Natürlich machten wir gerne mit viel Liebe und Freude die vielen kleinen ‹Därtli›.

Damals wohnte Selmeli mit seiner grossen Familie am Unteren Batterieweg, wo wir schon als Kinder durch den Zaun in das Paradies guckten. Der Europapark war noch nicht geschaffen; allerlei grössere und kleine Tiere bevölkerten den Garten. Allzeit tummelten sich die unterschiedlichsten Kinder aller Altersklassen darin.
Stolz balancierte ich die Schachteln samt Köstlichkeiten die Solothurnerstrasse hinauf. Mit frischen Zapfenlocken und Baslertracht, damals schon ihr Markenzeichen, begrüsste mich Selmeli. Aber oh Schreck, die Mümpfeli waren für seine Vorstellung zu gross ausgefallen, wie es mir lauthals verkündete. Nichtsdestotrotz. Die vielen kleinen Gäste machten strahlende Augen beim Anblick der lustigen kleinen Kunstwerke in allen Farben. Selmeli bereitete mit einer gelungenen Überraschung seinen zahlreichen Pflegekindern einmal mehr eine Riesenfreude.

Rita Stählin-Lüthi

Begegnung mit Selmeli

In meiner Primarschulklasse, zwei Bänke vor mir, sass Sylvia. Sylvia war ein hübsches, jedoch eher ruhiges Kind. Wir wussten, dass ihre Mutter gestorben war und dass die vier Kinder allein mit dem Vater in einem alten Bauernhaus lebten. Der Vater war Milchmann und wie es damals so üblich war, kam der Milchmann mit Ross und Wagen jeden Tag vors Haus. Eines Tages hatte der Milchmann wieder geheiratet. Wir wussten nicht viel über die ‹neue› Mama. Sylvia und ich hatten den gleichen Schulweg, doch sie war eher verschwiegen, sie erzählte nicht viel von zu Hause, hatte auch nicht allzu viel Freizeit, denn sie musste auf die Pflegekinder ihrer neuen Mutter aufpassen und im Haushalt mithelfen. Doch an einem heissen Tag, fragte sie mich, ob ich einen Bollen Glacé möchte und mit ihr nach Hause käme. Glacé war während dem Krieg ein Fremdwort für uns Kinder. Ich erinnere mich noch gut, wie diese Glacémaschine aussah. Ein Holzkübel, der mit Eisstücken gefüllt wurde, in dem wiederum ein beweglicher Innen-Kübel war. Das Eis kam von der Eisstange, das die Bierbrauer mit ihrem Pferdegespann an die Restaurants lieferten. Im Innenteil des Eisbehälters war dann die Masse, die zu Eis wurde. Für diesen herrlichen Inhalt nahm die Milchmannsfrau wohl den Rahm, der sich auf der Milch bildete, und ergänzte ihn mit Vanille und Zuckerzusatz.
Es wurde gerührt und gerührt... endlich war es soweit und wir durften je einen Bolle Vanilleglacé versuchen. Sie schmeckte ganz phantastisch.
Ich bestürmte meine Mutter, doch das gleiche zu versuchen, sie aber winkte ab, denn sie brauchte die kostbare Nyydle, die sich auf der Oberfläche im Milchkännli bildete, für ihre Wähen, die einmal in der Woche bei uns auf den Tisch kamen.
So mussten wir noch einige Jahre auf die zweite Glacé warten, die wir dann bei unserer Bäckersfrau am Sonntag in der eigenen Schale abholen durften.
Erst viel später realisierte ich auf dem Petersplatz, dass mir diese wunderbar schmelzende Glacé, die ich noch immer auf meiner Zunge spürte, von Selmeli, der damaligen Ersatzmutter von Sylvia, serviert worden war.

Doris Tschan, 2004

s Selmeli

Selmeli ist eine grosse Stadtfrau. Schade dass kein Museum von ihr entstanden ist; ihre frühere Basler Ausstellung kam leider ins Walliser Dorf im Europa-Park zu Rust.

Wenn Selmeli Ratti in ihrer Wohnung sitzt und den Tee mit Gugelhopf geniesst, kommen viele Erinnerungen auf; sie erzählt und ist dann gleich traurig... die Kräfte gehen schrittweise zurück... Sie spürt, dass sie nicht mehr die gleiche Motivation hat wie früher und doch geistig ist sie erstaunlich fit...

So gut wir können, pflegen wir sie alle... damit sie nicht wieder ins ‹Loch› fällt. Alle wissen, was Aktivität für jedes Einzelne ist. Jeder braucht dazu seine Therapie, sein persönliches Wirken.

Kannte ich doch den ‹Alt-Fährimaa› mit der Drehorgel; soviel er konnte, baute er die kleinen Fähren mit Musik... und lebte dabei; auf dem ‹Bach› (der Rhein, in Basel liebevoll Bach genannt), sein Zen, das war auch seine Lebenskunst, der eigene Arzt.

Vreni Arnold, November 2003

E Kindhaits-Erinnerig

S isch emool e glaini, rueigi Strooss gsi, d'Amselstross in Neu-Alschwil; dert het friener als no der Milchmaa d Milch mit em Ross und Waage brocht. Me het sich kennt als wärs e Dorfgmainschaft, Gschichte het me sich verzellt, Erlääbnis wyter gsait, glacht, gschpiilt, gschumpfe, hindedure gschwätzt, au Krach hets amme gää, aber me het sich au gegesytig gholfe, hit sait me däm Noochberschaftshilf.
Do isch amme der Milchmaa mit synere Frau bi uns verby ko. Herr und Frau Bohnebluescht perseenlig hänn mynere Groosmamme als e Bälleli Angge und d Milch mit vyl Raam obedruff, vors Huus gstellt, oder miir hänns dusse am Waage gholt.
Ich main es isch erscht geschter gsii.

Am Aafang sind sy mit Ross und Waage ko, und amme han ych derfe vorne uff em Bogg mitfaare! D Frau Bohnebluescht het gruefe kumm doch mit, styg uff. Daas isch s scheentscht Erlääbnis gsii, my Häärz het hecher gschlage! Und ych ha immer wiider gwartet und gloost und gluegt ebb si jetzt ändlig kemme, laider isch daas nur vo kurzer Duur gsii, denn hets so ebbis wie n e Eleggdromobyl gäh, au doo bin ich mitgfaare, aber s isch nimm so hoch obe gsii. S isch eifach nimm s glyyche gsi.
Die Zyt isch ganz schnäll verbyy gange, laider! Und d Frau Bohnebluescht isch nimme koo.
Ych bi in d Schuel und ha si denn nimme gsee! Aber s het mer hailoos gfalle!

Uff em Petersplatz isch Herbschtmäss, me goot an Hääfelimäärt!

Der Härdepfelscheller

An der Herbschtmäss sinn mer amme uff der Petersplatz go luege was s Selmeli daas Joor wiider aabryyse duet.
Me het sofort gsee, wo iire Stand isch! Nadyyrlig dert wo s am maischte Lyt het! Mit ihrem guete Muulwäärgg het sy alli, die Glaine und die Groosse, kenne begaischtere.
Doo bin ich aimol mit minere Groossmamme au ganz vorne gschtande und ha zuegloost was sy uns aabryyst: «*Jo do nimmsch dä Härdepfelscheller in die rächti Hand und denn der Härdepfel in die linggi Hand und denn goot daas wie gschmiirt und duu bisch fertig! De kasch groossi, rundi, langi, eggigi und au ovali zwägschnyde und au d Schellede goot grad dermit guet ab! Also ych saag Eych, jede Laaferi ka daas, s sich so aifach!*»
Jetzt isch s dusse gsii, han ich dänggt, also jede Laaferi ka mit däm Härdepfelscheller d Härdepfel schelle!
«*Wär nimmt aine mit, er koschtet nur ai Frangge und nimmsch zwei so bikunsch si fir e Franggefufzig! Nit so schnäll gäll, de kunsch au no draa, i ha gnueg Waar doo!*»
So hets amme deent!
Nadyrlig hänn au miir son e Laaferimässer kauft! Ych schell hit no d Härdepfel mit so aim!

Felicitas Strub

JUBILÄUMSVERSE

60 Johr Selmeli

Oh Selmeli, oh Selmeli, bisch sächs Johrzähnt scho do
mir wurde gärn no mängg-mänggmool go gratuliere ko.

Ganz Basel schwärmt vo ainer Frau
ganz Basel schwätzt vo ihre au
ganz Basel segglet – heert me brichte
si syg am Stand, verzell scho Gschichte
ganz Basel findet si e glatti
ganz Basel loost uffs Selmeli Ratti.
     Oh Selmeli, oh Selmeli was hesch scho alles gmacht
       dass jedes uss dr Kinderschar uss Fraid grad numme lacht.
Uns fraits, dass Du im Märlihuus
sygs Max und Moritz, Myggy-Muus
sygs Gaissbogg, Hiehner, Giggel, Zwärge
s duet garantiert e kaine färbe!
au d'Tulpe nit, nit d'Oschterglogge
wo s ganz Johr rund um d'Zwärgli hogge,
und alles glänzt, isch's zoobe fiechter
bengalisch, in de scheenschte Liechter.
     Oh Selmeli, oh Selmeli, Du darfsch das nie verstegge
       mir stehn doch uff dä kitschig-farbig Zaubergärtli-Egge.
Me gseht im Kinderspittel äne
zer Wiehnechtszyt dr Esel gähne
s bringt s Selmeli mit syner Schar
Gligg und Gschänggli – wunderbar.

Liedli singe, Kerzli drage
Värsli oben-abe sage
alli Kinder sin drby
Esel, Wage, hindedry
hesch im Lift dä Esel denne
wott er wider uuse renne
muesch en richtig yne rysse
är dät so gärn in Egge.....singe.
    Oh Selmeli, oh Selmeli, was hesch Du uns do botte
    mir hätte doch Dy Sächzigschte no vyl mehr fyre sotte.
Scharewys, mit Kind und Kaigel,
s Huebers, s Millers, und dr Waibel
im Juli, amene Sunndigmorge
gehn unbelaschtet, ohni Sorge
doch belade mit vyl Minggis
uff em Arm au no dr Binggis
Margrethe-Pargg-wärts, zemen-Aesse
und deert isch s Selmeli Ratti gsässe
mit sächzig Kerzli uff em Kueche
äs empfangt dr Blebs und d'Rueche.
    Oh Selmeli, oh Selmeli, was machsch au in Dym Fimmel?
    kuunsch nimmi druss im Durenand, bisch ainewäg im Himmel.
Zer Vernissage vom Schitzematte-Muusig-Pavillon
sait dr Käller und au d'Schnytzge kuum e rächte Doon,
drfir kunnt denne s Selmeli mit syne Kinder zooge
und au dr jungi Gaissebogg duet s Stingge usswärts wooge.
Noh Lieder vo de Kinder uss dr scheene alte Zyt

isch s denn fir unser Selmeli ändlig au so wyt:
statt Wysse uss em Blaue Huus
schänngt si Gaissemilch deert uus.
Blybsch buschber und blybsch glunge
lutt het si's uuse-gsunge.
      Oh Selmeli, oh Selmeli, jetz muesch denn nimm' lang warte
        denn leege d'GUNDELI-Hiehner gschwind e Clique-Ai in Garte.
Dien Popcorn kaufe, Popcorn äsle
muesch s Hiehnerfueter nit vergässe,
und lueg, wie wunderbar dä Schirm
kauf numme zwai, denn hesch kai Gstirm,
de losch en sowiso gly stoh.
s soll kaine jetz ewägg do goh
y ha no vyl so alte Grimpel,
kumm und kauf, du liebe Simpel!
y bruch das Gäld fir d'Rais uff Ruscht.
Si schreyts uss voller Trachtebruscht.
      Oh Selmeli, oh Selmeli, lueg d'Innerstadt-Beläbig
        wär ohni Dy Verkaiferstand im Ydrugg lär und schäbig.
Dr Schah will jetzt go Kirsi ginne
mit däm Syschtem kasch Toto gwinne,
s duet s Baudep numme Lecher grabe
im Rhy schwimmt Drägg vo oben-abe,
im Globi kunnt no neye Blunder
me trait statt HüGü Biki – drunder,
fir Dryssig Doller, dryssig Frangge
in Dytschland haig's e Bärg uss Angge,
das het me gseh, ob s schneyt, ob s schifft
uff Selmeli Rattis Liechtband-Schrift.

Oh Selmeli, oh Selmeli, jetz muesch s Museum schaffe
fir d'Dittsammlig kemme si scho scharewys go gaffe.
Dr Guldig Stärn im Dalbeloch gseht Baizer ko und go
im Isaak uff em Minschterplatz fählt Alkohol als no,
dr Grieni Hairi isch perseh no nie gsi bescht-geboore
und s Red-Ox hämmer z'Basel fascht scho migros-wärts verloore,
wenn aine niene underkunnt, denn isch er wirgglig froh
är darf in Rattis Kinderbaiz, in ROOTE EPFEL go.
Oh Selmeli, oh Selmeli, Du hesch jo au e Baiz
wo alles glai und wunzig isch, das isch dr bsunder Raiz.

Bim Selmeli laufts johruss – johry
fir gueti Zwägg solls maischtens si;
mir bruuche däwäg glatti Wäse
sunscht kennti unsri Stadt verjääse.
Si wurd is fähle, das wär schytter
drum: Selmeli Proscht, mach däwäg wyler.
Gäll blybsch no mängg-mängg Johr e glatti
gäll machsch e Huffe Sprich, au satti,
gäll gniessischs mit Dym liebe Vatti
gäll s isch eso, liebs Selmeli Ratti.

Fasnachtsgesellschaft Gundeli, 1979

Zum 70ste Geburtstag

Uff em Petersplatz isch hüt e grosses Fescht
Und alli syn yglaade als Geburtstagsgescht.
Me wird fründlig bewirtet mit Zopf und Angge,
Mir möchte uns für d'Ylaadig rächt härzlig bedangge.

s'Geburtstagskind isch jo alle bekannt,
Nit nur bi uns z'Basel, nai, wyt umme im Land!

Immer z'friide, mit gsundem Humor,
Mit eme Lächle im Gsicht und Logge im Hoor,
Sitzt's uff em Bänggli bim Huus, in dr Basler Tracht
Und schafft an de Kerze vom Morge bis z'Nacht.
Natürlig git's mängmool au anderi Sache,
Zum Byspiil die Busfaarte wo es duet mache
Mit Behinderte, mit Kinder, mit ältere Lüt,
Für das nimmt sich s'Selmeli immer Zyt.
Oder an dr Herbschtmäss, am Stand, d'Lüt stöön in Schaare,
Kaufe Hienerfuetter en gros und anderi Waare.
Für jede het s'Selmeli in syner bsuundere Art
E fründligs Wort oder e Spruch baraad.
Uff em Wiehnachtsmäärt am Baarfi
Froggt e kleine Bueb si Mami: «daarfi
E Kerzli kaufe bim Selmeli Ratti?»
Weisch, das isch doch die Frau, die glatti.
Das isch mir nur e ganz, ganz e kurze Bligg
Ins Lääbe vo-n-eme Mensch no de andere Liebi git,
Wo Freud schänggt und hilft, wo immer er chaa,
Ohni z'frooge: «Was cha-n-i derfür haa?»

Sunntig, 3. Juli 1988, Dölf und Sonja Woreth

Zum 80ste Geburtstag

Selmeli mir fyyre Dii!
Mit Dyyner scheene Basler Dracht,
hesch au fir Basel Wäärbig gmacht!
S isch stiller worde, an Dym Stand,
hit gits Kerze, Hienerfueter und Syydeband.
Au Duu wirsch emool bangsiooniert,
drum fyyre miir Dii hitte unschiniert!
Als Basler Original gosch in d Gschicht yy,
miir stoosse druff aa mit em e Gleesli Wyy,
Dyy groosses Häärz und Dyy glaar Verstand,
geen immer no Hand in Hand,
Du bisch fir uns e groossi Frau,
drumm dausig Dangg Diir au!
Fir alles, wo Du im Stille, in dyym Lääbe,
fir d Basler gmacht hesch, s isch e Sääge!

Broscht Selmeli Ratti,
Duu bisch und blybsch grandioos, aifach e Glatti!
Miir wintsche Diir Gottes Sääge,
uff all Dyyne wytere Wääge!

«So viel Schönes und Gutes
habe ich immer wieder mit Kindern,
mit Betagten und Behinderten
erleben dürfen.
Das hält einen am Leben!»

Gäll, Selmeli, kunnsch wieder, s näggscht Joor im Herbscht!

Bildnachweis

Dokumentationsstelle Riehen
Seiten 51, 73

Claude Giger, Basel
Seite 147 oben links

Emelyn González, Basel
Seiten 8, 17, 21, 37, 45, 61, 65, 70, 71, 88, 93, 104, 116 (2x), 131

Pierre Hadorn, Basel
Rückseite Umschlag

Christian Lienhard, Basel
Seiten 53, 81, 97

Walter Sütterlin, Allschwil
Seiten 31, 47

Ruth Werenfels
Seite 12

Fredy Zumkehr, Münchenstein
Vorderseite Umschlag

Alle übrigen Bilder:
Privatbesitz